尹权为　贺德华　张璐璐　刘学福　主编

重庆草业 2021

中国农业出版社

北 京

图书在版编目（CIP）数据

重庆草业统计. 2021 / 尹权为等主编. —北京：
中国农业出版社，2023.10
ISBN 978-7-109-31363-7

Ⅰ.①重… Ⅱ.①尹… Ⅲ.①草原－畜牧业经济－统
计分析－重庆－2021 Ⅳ.①F326.3

中国国家版本馆 CIP 数据核字（2023）第 212186 号

中国农业出版社出版

地址：北京市朝阳区麦子店街 18 号楼
邮编：100125
责任编辑：全　聪
版式设计：李　文　责任校对：吴丽婷
印刷：中农印务有限公司
版次：2023 年 10 月第 1 版
印次：2023 年 10 月北京第 1 次印刷
发行：新华书店北京发行所
开本：880mm×1230mm　1/32
印张：3.375
字数：94 千字
定价：48.00 元

编辑委员会

编 写 组

主　　编：尹权为　　贺德华　　刘学福　　张璐璐
副 主 编：陈东颖　　吴　梅　　李小琴　　赖纯明
编写人员：尹权为　　王加亭　　李发玉　　刘学福　　陈东颖
　　　　　陈志宏　　张璐璐　　张　鹏　　吴　梅　　贺德华
　　　　　李安平　　罗　登　　许李丽　　刘　慧　　简燕娟
　　　　　李金容　　龚兰芳　　刘仕碧　　赵　洲　　李小姝
　　　　　周培香　　汪明明　　袁　钢　　邹　铭　　谭兴疆
　　　　　陈胡燕　　彭　亮　　兰兴平　　阳　勇　　李　剑
　　　　　郑德菊　　李　洁　　袁勇飞　　黄维梁　　匡　莉
　　　　　赵　露　　陈书琴　　武延风　　黄光林　　杨克露
　　　　　刘　阳

前　言

PREFACE

　　为准确地掌握重庆市草业发展形势，以便从事、支持、关心草业的各有关部门和广大工作者了解和研究重庆市草业经济发展情况，重庆市畜牧技术推广总站在对 2021 年各区（县、自治县）的 30 份县级草业统计资料进行整理的基础上，收集草业调研报告、主导品种及主推技术等材料，编辑出版《重庆草业 2021》，供读者作为工具资料书查阅。

　　本书正文共分为 5 章：第一章为草业发展综述；第二章为天然饲草地利用统计；第三章为草业生产统计，包括多年生牧草生产、一年生牧草生产、商品草生产、草产品加工企业生产、农闲田可利用面积、农闲田种草情况等；第四章为定点监测企业情况；第五章为草业相关地方标准发布情况。本书附录包括重庆市草业相关调研报告、2021 年重庆市主导品种与主推技术名录、2021 年全国草业科学大事记等。

　　书中涉及生产方面的统计除定点监测企业外，未包括主城 9 区数据，万盛经济技术开发区数据并入綦江区；"石柱土家族自治县""秀山土家族苗族自治县""酉阳土家族苗族自治县""彭水苗族土家族自治县"分别简称为"石柱县""秀山县""酉阳县""彭水县"。书中部分合计数和相对数由于单位取舍不同而产生的计算误差，未作调整。数据项空白表示数据不详或无该项指标数据。

由于统计资料收集不够完全，编辑时间仓促，加之水平有限，难免出现差错，敬请读者批评指正。

编　者

2023 年 2 月

目　录
CONTENTS

第一章
草业发展综述

一、草地保护与利用情况

2021年是我国"十四五"规划开局之年，是实现巩固拓展脱贫攻坚成果同乡村振兴有效衔接的第一年，也是向第二个百年奋斗目标进军的第一年。2021年中央1号文件提出要积极发展牛羊产业，继续实施奶业振兴行动，鼓励发展青贮玉米等优质饲草饲料。农业农村部制定的《"十四五"全国畜牧兽医行业发展规划》（农牧发〔2021〕37号）提出，要以粮改饲、优质高产苜蓿基地建设等支持政策为抓手，大力发展全株青贮玉米、苜蓿、燕麦草、黑麦草等优质饲草生产；南方区坚持草畜结合、特色发展模式，重点利用冬闲田种植黑麦草等一年生牧草，积极开展草山草坡改良放牧养殖。

重庆市认真落实相关部署，相继出台市委1号文件、《重庆市农业农村委员会关于印发重庆市推进肉牛肉羊生产发展五年行动工作方案的通知》（渝农办发〔2021〕128号）、《重庆市农业农村委员会关于印发重庆市畜牧业发展"十四五"规划（2021—2025年）的通知》（渝农发〔2021〕136号）等文件，印发畜牧业工作要点，提出深入开展饲草产业调研，开展青贮玉米、饲用甜高粱、黑麦草等优质人工饲草规模化种植示范和推广，增加优质饲草料供给。加快种养一体化发展，培育大型的饲草产业企业和专业的社会化服务组织，加强高效牧草机械试验示范和技术推广，加强饲草料加工、流通、配送体系建设，促进饲草产业发展。

（一）草地资源利用稳步推进

重庆市通过政策引导、技术推广、案例宣传和培训指导，科学开展草地承包工作，部分退化草地植被得到一定程度的恢复。据统计，2021 年，天然草地利用面积 205.64 万亩*，同比增长 0.62%，其中打贮草面积、刈牧兼用面积、其他方式利用（主要为放牧）面积分别为 7.69 万亩、32.27 万亩、165.68 万亩。承包利用面积 125.36 万亩，其中承包到户面积 88.57 万亩；禁牧、休牧、轮牧面积 78.50 万亩，其中轮牧面积 32.80 万亩。

（二）草食牲畜养殖方式进一步优化

重庆市大力发展现代草牧业，开展优质饲草规模化种植示范，积极推广优质饲草种类和新型实用技术及种养结合循环发展模式，草地畜牧业生产方式正在逐步转变。以放牧为主的传统草地畜牧业占比逐渐降低，生产布局和养殖结构进一步优化调整，肉牛养殖以舍饲为主，散户逐步退出；山羊养殖以"放牧＋补饲"为主，适度规模场。牛羊养殖规模化、标准化程度稳中有升。2021 年肉牛年出栏 10 头以上的场（户）占比为 38.31%。羊年出栏 100 只以上的场（户）占比为 10.87%［年末存栏数为 0 的场（户）未纳入计算］。

二、牧草种植生产情况

随着国家农业供给侧结构性改革的深入推进和粮、经、饲三元种植结构调整，重庆结合山地资源优势，合理发展草牧业，优化牧草种植区域和种类。虽然 2021 年牧草种植面积有所下降，但牧草种植布局更加合理，高产优质牧草占比有所提升，草牧业发展典型模式亮点纷呈。

---

* 亩为非法定计量单位，1 亩≈666.7 米²。——编者注

（一）人工种草面积略有下降

受耕地"非粮化"政策、非洲猪瘟疫情防控等的影响，重庆市投入草牧业的人力、财力、地力减少，优质饲草需求旺盛、缺口较大。2021年人工种草面积略微下降，全市年末人工种草保留面积46.49万亩，同比下降5.58%，其中，多年生牧草18.92万亩，一年生牧草27.57万亩，同比分别下降7.39%、4.30%。

（二）区域布局更加合理

受草食牲畜养殖布局和土地资源支撑的影响，重庆市牧草生产布局呈"草随畜走"和"以草定畜"形态，丰都、合川、梁平因畜牧业发展而兴起的牧草产业日趋稳固。同时，受自然气候、交通条件影响，呈现因地制宜的丘陵山区特色发展业态，中高海拔山地以低矮饲草为主，中低海拔平坝及浅丘区（尤其是肉牛养殖区）以高产、高秆饲草为主。

从区域布局来看，各区（县、自治县）的草业发展更集中、合理。草牧业发展区的牛羊（主要为山羊）生产形成以天然草地放牧为主，适度发展人工种草的业态，坚持生态保护优先，贯彻落实草原禁牧和草畜平衡制度，科学开展改良种草和休牧、轮牧，从农区调运饲草料和农副资源解决冬季饲草不足的问题。不断加快生产方式转变，加强基础设施建设，推进"放牧＋舍饲"相结合模式。肉牛以舍饲为主，确保饲草料均衡供给，提升标准化、集约化水平，缩短肉牛饲养周期，提升生产效益，同时为保障长江生态安全、保障肉食品供应、助推乡村振兴作出了积极贡献。

2021年，重庆市草业发展14个重点区（县、自治县）年末人工种草保留面积40.08万亩，占全市的86.22%，同比下降3.25%。其中，万州区、丰都县、开州区、巫溪县、奉节县年末人工种草保留面积分别为5.30万亩、4.95万亩、4.78万亩、4.38万亩、4.00万亩，分别占全市的11.39%、10.65%、10.29%、9.43%、8.60%。

（三）优质草种推广效果良好

在优质饲草品种评价试验示范、主推品种与高效生产技术宣传与推广等工作的推动下，适宜重庆市生产的豆科类白三叶、红三叶和禾本科类黑麦草、青贮玉米、狼尾草等优质饲草种植占比较大，推广效果良好。2021年，全市多花黑麦草、青贮玉米、白三叶、狼尾草、多年生黑麦草、红三叶年末人工种草保留面积合计为29.66万亩，占保留总面积的63.80%，保留面积分别为6.58万亩、5.94万亩、4.89万亩、4.25万亩、4.03万亩、3.97万亩。这6种饲草的保留面积分别占保留总面积的14.16%、12.77%、10.51%、9.15%、8.68%、8.53%。

（四）单产水平有所提高

在南方现代草地畜牧业推进行动典型案例和饲草高效生产及养畜配套等项目技术推广示范的影响下，全市有关区（县、自治县）坚持科技兴草兴牧，大力推广优质、丰产关键技术，提高优良牧草品种占比，扩大规模化种植，采用机械化作业和病虫害防控等综合生产管理措施，总体上看，种草单产水平有所提高，优质饲草总产量基本稳定。

2021年，全市饲草平均单产1 004.34千克/亩，比上年增长0.23%；总产量46.60万吨，比上年略有下降。其中，主产饲草多花黑麦草、青贮玉米、多年生黑麦草、白三叶、狼尾草、红三叶平均单产分别为1 249.20千克/亩、1 071.60千克/亩、992.35千克/亩、485.42千克/亩、2 484.76千克/亩、523.22千克/亩，同比增长0.70%、3.86%、4.24%、−0.42%、1.22%、0.24%，主产饲草产量33.60万吨，在饲草总产量中的占比与上年基本持平。

三、商品草生产与销售情况

随着牛羊养殖数量及标准化程度的不断提高和畜禽养殖环保综

合整治，种养循环生产模式得到进一步推广，重庆牧草种植结构不断优化，商品草生产供需关系进一步稳定。专业化商品草生产已由简单数量型向质量效益型转变，商品草生产面积有所增加。但受秋雨绵绵等因素影响，饲草收割不及时、管理不到位，产量和单产都有所降低，现存商品草生产企业实力有待进一步提高。

（一）商品草产量有所下降

2021年，商品草生产企业、生产面积有所增加，产量和单产有所下降。4家专业化商品草生产企业，生产面积0.455万亩、总产量（折合干草）1.008万吨，同比分别增长6.56%、－9.30%；单产2 214.34千克/亩，同比下降14.88%。主要商品草为狼尾草、青贮青饲高粱，生产面积分别为0.275万亩、0.08万亩，占全市商品草生产面积的60.44%、17.58%；产量分别为0.726万吨、0.109万吨，占全市商品草产量的72.09%、10.80%。

（二）草产品供不应求

据不完全统计，2021年重庆草产品生产加工专业化企业2家，主要生产狼尾草、青贮青饲高粱、青贮玉米等加工青贮饲料，全年生产青贮饲料2.649万吨，当年销售2.254万吨，销售率85.09%。其中丰都县大地牧歌农业发展有限公司主要种植加工狼尾草、青贮青饲高粱青贮饲料，青贮饲料生产量0.799万吨，销售量0.799万吨，分别占全市的30.16%、35.45%，受机械碾压导致生产地块板结减产的影响，商品草产品供不应求。

第二章
天然饲草地利用统计

2021年，重庆市天然饲草地利用情况见表2-1。

表2-1 天然草地利用情况

行政区划	累计承包面积/万亩	承包到户面积	联户面积	其他承包形式面积	禁牧、休牧、轮牧面积/万亩	禁牧面积	休牧面积	轮牧面积	天然草地利用面积/万亩	打贮草面积	刈牧兼用面积	其他方式利用面积
重庆市	125.357	88.571	6.985	29.801	78.503	28.601	17.101	32.801	205.636	7.691	32.269	165.676
万州区	3.1	2	0.7	0.4	6.75	1.1	1.83	3.82	15.829	1.27	0.099	14.46
涪陵区	1.261	0.97	0.29	0.001	0.003	0.001	0.001	0.001	2.67	0.1	0.42	2.15
綦江区	0.2	0.1	0.1						0.2			0.2
大足区	8.1	5.3	2.2	0.6	3.7	1	0.7	2	5.291	0.001	1.58	3.71
渝北区									2.67			2.67

（续）

行政区划	累计承包面积/万亩				禁牧、休牧、轮牧面积/万亩				天然草地利用面积/万亩			
		承包到户面积	承包到联户面积	其他承包形式面积		禁牧面积	休牧面积	轮牧面积		打贮草面积	刈牧兼用面积	其他方式利用面积
黔江区	0.5	0.5							3.105		0.39	2.715
长寿区									0.301		0.201	0.1
江津区	0.12	0.12							0.26		0.06	0.2
永川区									0.15	0.03	0.1	0.02
南川区	3.89	3.89			3.71	1.51	1	1.2	3.97	1.9	1.62	0.45
璧山区	2.92	2.92							0.502	0.001	0.001	0.5
铜梁区	1.02	0.5		0.52	0.35	0.35			2.92			2.92
潼南区	11.03			11.03					1.22		0.8	0.42
开州区	0.4	0.4			11.88	5.85	2.66	3.37	19.21	0.76	1.49	16.96
梁平县	1.79	1.18	0.12	0.49					0.423	0.089	0.128	0.206
城口县					0.41	0.21	0.08	0.12	6.72		0.15	6.57
丰都县	5.57	1.36		4.21					5.1		2.12	2.98
垫江县									0.001			0.001
武隆县	6.7	3.8	1.9	1	12	9	2	1	7.9			7.9
忠县	0.07	0.04		0.03					8.134		0.034	8.1

（续）

行政区划	累计承包面积/万亩				禁牧、休牧、轮牧面积/万亩				天然草地利用面积/万亩			
	累计承包面积	承包到户面积	联户面积	其他承包形式面积	禁牧、休牧、轮牧面积	禁牧面积	休牧面积	轮牧面积	天然草地利用面积	打贮草面积	刈牧兼用面积	其他方式利用面积
云阳县	14.1	14.1			0.8	0.8			14.5		2.2	12.3
奉节县	9.15	6.4	1.45	1.3	12	1.8	1.4	8.8	0.54	0.05	0.206	0.284
巫山县	0.516	0.411	0.105		7.48	3.92	1.21	2.35	22.27	0.42	0.61	21.24
巫溪县	22.89	22.55	0.12	0.22	4.82	1.46	1.22	2.14	8.49	1.76	4.56	2.17
石柱县	6.73	6.73			0.6	0.6			48.26	0.31	14.5	33.45
酉阳县	0.3	0.3										
彭水县	25	15		10	14	1	5	8	25	1	1	23

第三章

草业生产统计

一、牧草种植与草种生产情况

2021年，重庆市牧草种植与草种生产情况见表3-1。

表3-1 牧草种植与草种生产情况

行政区划	人工种草保留面积/万亩	当年种草面积/万亩			当年耕地种草面积/万亩	草种田面积/万亩	种子产量/吨		秸秆产量/吨	秸秆饲用量/吨	秸秆加工饲用量/吨	其他农副资源饲用量/吨
		当年一年生种草面积	当年多年生种草面积				多年生种子产量	一年生种子产量				
重庆市	46.489	29.935	27.571	2.364	27.039				4 076 217	334 886	87 099	372 595
万州区	5.295	3.381	2.924	0.457	3.381				290 721	159 930	62 980	
涪陵区	0.403	0.183	0.173	0.01	0.163				1 190 000	7 700		13 000

（续）

行政区划	人工种草面积保留面积/万亩	当年种草面积/万亩			当年耕地种草面积/万亩	草种田面积/万亩	种子产量/吨		秸秆产量/吨	秸秆饲用量/吨	秸秆加工饲用量/吨	其他农副资源饲用量/吨
			当年一年生种草面积	当年多年生种草面积			多年生种子产量	一年生种子产量				
綦江区	0.379	0.13	0.12	0.01	0.13							
大足区	0.528	0.338	0.338		0.235				68 580	2 148	24	2 484
渝北区	0.03	0.03	0.03		0.03							
黔江区	1.882	1.872	1.846	0.026	1.744							
长寿区	0.143	0.07	0.04	0.03	0.03							
江津区	0.442	0.2	0.2		0.13				509 800	6 750	32	23 860
合川区	1.566	0.467	0.467		0.467				473 644	4 795	212	77
永川区	0.02	0.002	0.002						323 291	917	125	27 695
南川区	1.365	1.145	0.815	0.33	1.02							
璧山区	0.005	0.005	0.005		0.005							
铜梁区	0.138	0.132	0.007	0.125	0.024				16 560	1 120		3 500
潼南区	2.574	2.432	2.312	0.12	2.432				95 761	2 916	26	4 044
荣昌区	0.133	0.09	0.07	0.02	0.09							
开州区	4.782	4.255	4.036	0.219	3.344				148 000	1 650	1 400	12 900

（续）

行政区划	人工种草保留面积/万亩	当年种草面积/万亩			当年耕地种草面积/万亩	草种田面积/万亩	种子产量/吨		秸秆产量/吨	秸秆饲用量/吨	秸秆加工饲用量/吨	其他农副资源饲用量/吨
			当年一年生种草面积	当年多年生种草面积			多年生种子产量	一年生种子产量				
梁平县	0.48	0.055	0.055		0.024							
城口县	0.947	0.865	0.865		0.81				42 110	185	30	11 300
丰都县	4.949	1.151	1.151		1.151				172 201	40 925		208 145
垫江县	0.919	0.906	0.906						98 700	7 500		30 950
武隆县	1.177	1.16	1.076	0.085	1.154							
忠　县	0.362	0.172	0.169	0.003	0.067							
云阳县	3.674	3.489	3.4	0.089	3.489							
奉节县	3.999	2.903	2.889	0.014	2.845				209 000	62 700	11 850	13 420
巫山县	0.968	0.52	0.515	0.005	0.51							
巫溪县	4.383	1.032	0.949	0.083	1.032				4 000	3 500	3 500	
石柱县	0.816	0.2	0.19	0.01	0.01				52 600	5 000	1 800	
秀山县	0.662	0.659	0.656	0.003	0.65				379 249	25 450	5 120	120
酉阳县	2.518	1.54	0.845	0.695	1.522				2 000	1 700		
彭水县	0.95	0.55	0.55		0.55							21 100

二、多年生牧草生产情况

2021年，重庆市多年生牧草生产情况见表3-2。多年生黑麦草生产情况见表3-3；狼尾草生产情况见表3-4；白三叶生产情况见表3-5；红三叶生产情况见表3-6；紫花苜蓿生产情况见表3-7。

表3-2 多年生牧草生产情况

行政区划	饲草种类	人工种草保留面积/万亩	当年人工种草面积	当年耕地种草面积	农闲田种草面积/万亩					人工种草单产/(千克/亩)	人工种草产量(折合干草)/吨	鲜草实际储量/吨	灌溉比例/%	备注
					冬春闲田种草面积	夏秋闲田种草面积	果园隙地种草面积	四边地种草面积	其他种草面积					
重庆市	小计	18.918	2.364	2.12	1.01		0.225	0.494	0.291	1 093.737	206 913.23	50 698		
	小计	2.371	0.457	0.457	0.457		0.12	0.337		4 784	16 421.84			
	白三叶	1.496	0.076	0.076	0.076		0.06	0.016		322	4 817.12			
万州区	红三叶	0.248	0.096	0.096	0.096		0.06	0.036		530	1 314.4			
	菊苣	0.031	0.019	0.019	0.019			0.019		672	208.32			
	狼尾草	0.316	0.096	0.096	0.096			0.096		2 650	8 374			
	苇状羊茅	0.28	0.17	0.17	0.17			0.17		610	1 708			
涪陵区	狼尾草	0.23	0.01	0.01						2 950	6 785	350	1	

（续）

行政区划	饲草种类	人工种草保留面积/万亩	当年人工种草面积	当年耕地种草面积	冬春闲田种草面积	夏秋闲田种草面积	果园隙地种草面积	四边地种草面积	其他种草面积	人工种草单产/(千克/亩)	人工种草产量(折合干草)/吨	鲜草实际青贮量/吨	灌溉比例/%	备注
	小计	0.259	0.01	0.01				0.01		4 577	2 576.8	1 036		
	多年生黑麦草	0.12	0.01	0.01				0.01		943	1 131.6	1 036		
	狗尾草	0.01								482	48.2			
綦江区	菊苣	0.01								512	51.2			
	狼尾草	0.037								1 820	673.4			木本蛋白饲料
	其他多年生饲草	0.082								820	672.4			
大足区	狼尾草	0.19								2 427	4 611.3			
渝北区	其他多年生饲草	0.03	0.03	0.03					0.03	3 000	900	6 000	50	金牧粮，亩产草达20吨

13

（续）

行政区划	饲草种类	人工种草保留面积/万亩		农闲田种草面积/万亩					人工种草单产/(千克/亩)	人工种草产量(折合干草)/吨	鲜草实际青贮量/吨	灌溉比例/%	备注
		当年人工种草面积	当年耕地种草面积	冬春闲田种草面积	夏秋闲田种草面积	果园隙地种草面积	四边地种草面积	其他种草面积					
黔江区	小计	0.036	0.004						3 329	381.95			
	白三叶	0.019	0.003						458	87.02			
	多年生黑麦草	0.004	0.001						870	34.8			
	狼尾草	0.013	0.011						2 001	260.13			
长寿区	狼尾草	0.103	0.03						2 400	2 472	2 225		
江津区	小计	0.242							4 630	4 596.6			
	菊苣	0.002							580	11.6			
	狼尾草	0.07							2 300	1 610			
	牛鞭草	0.17							1 750	2 975			

（续）

行政区划	饲草种类	人工种草保留面积/万亩			农闲田种草面积/万亩					人工种草单产/(千克/亩)	人工种草产量（折合干草）/吨	鲜实际青贮量/吨	灌溉比例/%	备注
			当年人工种草面积	当年耕地面积种草面积	冬春闲田种草面积	夏秋闲田种草面积	果园隙地种草面积	四边地种草面积	其他种草面积					
合川区	小计	1.099								3 515	20 393.7	702	28.5	
	多年生黑麦草	0.269								730	1 963.7	18	6	
	狼尾草	0.8								2 285	18 280	684	12.5	桑树
	其他多年生饲草	0.03								500	150		10	
永川区	小计	0.018	0.33	0.28		0.28				3 871	448.56			
	多年生黑麦草	0.002	0.22	0.22		0.22				1 220	24.4			
	狼尾草	0.016	0.1	0.06		0.06				2 651	424.16			
南川区	小计	0.55						0.116	0.164	3 940	3 642			
	白三叶	0.44						0.1	0.12	590	2 596			
	多年生黑麦草	0.1						0.016	0.044	790	790			
	狼尾草	0.01								2 560	256			

（续）

行政区划	饲草种类	人工种草保留面积/万亩			农闲田种草面积/万亩					人工种草单产/(千克/亩)	人工种草产量(折合干草)/吨	鲜草实际青贮量/吨	灌溉比例/%	备注
		人工种草保留面积	当年人工种草面积	当年耕地种草面积	冬春闲田种草面积	夏秋闲田种草面积	果园隙地种草面积	四边地种草面积	其他种草面积					
铜梁区	小计	0.131	0.125	0.02					0.02	5 185	1 384.85			
	菊苣	0.11	0.105							700	770			
	牛鞭草	0.001								1 485	14.85			
	其他多年生饲草	0.02	0.02	0.02					0.02	3 000	600			皇竹草
潼南区	狼尾草	0.262	0.12	0.12	0.03		0.02	0.01	0.02	2 462	6 450.44	4 680	5	
荣昌区	小计	0.063	0.02	0.02						3 800	1 515			
	狼尾草	0.058	0.02	0.02						2 500	1 450		100	
	牛鞭草	0.005								1 300	65		20	
开州区	小计	0.746	0.219	0.177			0.042			5 151	12 133.8			
	多年生黑麦草	0.315	0.098	0.098						896	2 822.4		10	
	狗尾草	0.048	0.006	0.006						1 245	597.6		5	
	红三叶	0.021	0.003	0.003						640	134.4		10	
	狼尾草	0.362	0.112	0.07			0.042			2 370	8 579.4		5	

（续）

行政区划	饲草种类	人工种草保留面积/万亩		农闲田种草面积/万亩					人工种草单产/(千克/亩)	人工种草产量(折合干草)/吨	鲜草实际青贮量/吨	灌溉比例/%	备注
		当年人工种草面积	当年耕地种草面积	冬春闲田种草面积	夏秋闲田种草面积	果园隙地种草面积	四边地种草面积	其他种草面积					
梁平县	小计	0.425							5 405	6 930.23	2 105		
	白三叶	0.103							519	534.57			
	多年生黑麦草	0.08							803	642.4			
	菊苣	0.011							708	77.88			
	狼尾草	0.211							2 618	5 523.98	2 105		
	紫花苜蓿	0.02							757	151.4			
城口县	小计	0.082							5 420	1 056.5	700		
	白三叶	0.002							570	11.4			
	多年生黑麦草								1 010				
	菊苣	0.01							770	77			
	狼尾草	0.027							2 200	594	700		
	紫花苜蓿	0.043							870	374.1			
丰都县	小计	3.798							4 100	42 601.9	32 900		
	白三叶	1.592							550	8 756	16 450		
	多年生黑麦草	1.421							940	13 357.4			
	狼尾草	0.785							2 610	20 488.5	16 450		

（续）

行政区划	饲草种类	人工种草保留面积/万亩			农闲田种草面积/万亩					人工种草单产/(千克/亩)	人工种草产量(折合干草)/吨	鲜草实际青贮量/吨	灌溉比例/%	备注
		小计	当年人工种草面积	当年耕地种草面积	冬春闲田种草面积	夏秋闲田种草面积	果园隙地种草面积	四边地种草面积	其他种草面积					
垫江县	小计	0.013								2 990	125.7			
	多年生黑麦草	0.01								910	91			
	牛鞭草	0.002								1 390	27.8			
	紫花苜蓿	0.001								690	6.9			
武隆县	小计	0.101	0.085	0.078	0.007			0.006	0.001	3 500	1 671			
	白三叶	0.028	0.025	0.02	0.005			0.004	0.001	400	112			
	多年生黑麦草	0.008	0.005	0.005						800	64			
	狼尾草	0.065	0.055	0.053	0.002			0.002		2 300	1 495			
忠县	小计	0.193	0.003	0.003						3 884	4 138.75			
	白三叶	0.004								390	15.6		100	
	多年生黑麦草	0.025	0.002	0.002						649	162.25		100	
	狼尾草	0.162	0.001	0.001						2 440	3 952.8		100	
	莕状羊茅	0.002								405	8.1		100	

（续）

行政区划	饲草种类	人工种草保留面积/万亩			农闲田种草面积/万亩					人工种草单产/(千克/亩)	人工种草产量(折合干草)/吨	鲜草实际青贮量/吨	灌溉比例/%	备注
			当年人工种草面积	当年耕地种草面积	冬春闲田种草面积	夏秋闲田种草面积	果园隙地种草面积	四边地种草面积	其他种草面积					
云阳县	小计	0.274	0.089	0.089						5 600	3 340			
	白三叶	0.017	0.004	0.004						500	85			
	多年生黑麦草	0.14	0.04	0.04						800	1 120			
	狗尾草	0.001								1 000	10			
	红三叶	0.001								500	5			
	狼尾草	0.1	0.04	0.04						2 000	2 000			
	紫花苜蓿	0.015	0.005	0.005						800	120			
奉节县	小计	1.11	0.014	0.014			0.006	0.008		5 318	9 178.17			
	白三叶	0.119	0.001	0.001			0.001	0.001		560	666.4			
	多年生黑麦草	0.429	0.003	0.003			0.002	0.001		1 050	4 504.5			
	红三叶	0.217	0.002	0.002			0.001	0.003		589	1 278.13			
	菊苣	0.008	0.003	0.003						740	59.2			
	聚合草	0.11	0.001	0.001			0.001			792	871.2			
	狼尾草	0.03	0.002	0.002				0.002		795	238.5			
	紫花苜蓿	0.197	0.002	0.002			0.001	0.001		792	1 560.24			

（续）

行政区划	饲草种类	人工草留床面积/万亩			农闲田种草面积/万亩					人工种草单产/(千克/亩)	人工种草产量(折合干草)/吨	鲜草实际青贮量/吨	灌溉比例/%	备注
			当年人工种植面积	当年耕地种草面积	冬春闲田种草面积	夏秋闲田种草面积	果园隙地种草面积	四边地种草面积	其他种草面积					
巫山县	小计	0.453	0.005	0.005			0.005			1 450	3 849.5			
	白三叶	0.065	0.002	0.002			0.002			550	357.5			
	紫花苜蓿	0.388	0.003	0.003			0.003			900	3 492			
巫溪县	小计	3.434	0.083	0.083			0.03	0.007	0.046	2 208	17 293.04			
	白三叶	0.052	0.022	0.022			0.015	0.007		500	260			
	多年生黑麦草	0.058	0.011	0.011			0.01		0.001	588	341.04			
	红三叶	3.264	0.05	0.05					0.045	500	16 320			
	紫花苜蓿	0.06					0.005			620	372			
石柱县	小计	0.626	0.01	0.01						2 900	3 646			
	白三叶	0.43								500	2 150			
	多年生黑麦草	0.14								800	1 120			
	红三叶	0.04								500	200			
	鸭茅	0.016	0.01	0.01						1 100	176			

（续）

行政区划	饲草种类	人工种草保留面积/万亩	当年人工种草面积/万亩	当年耕地种草面积/万亩	冬春闲田种草面积/万亩	夏秋闲田种草面积/万亩	果园隙地种草面积/万亩	四边种地草种草面积/万亩	其他种草面积/万亩	人工种草单产/(千克/亩)	人工种草产量(折合干草)/吨	鲜草实际青贮量/吨	灌溉比例/%	备注
秀山县	小计	0.006	0.003	0.002						3 450	119			
	多年生黑麦草	0.002	0.001	0.001						950	19			
	狼尾草	0.004	0.002	0.001						2 500	100			
酉阳县	小计	1.673	0.695	0.677					0.03	7 948	24 089.6			
	白三叶	0.32	0.223	0.223						698	2 233.6			
	多年生黑麦草	0.911	0.224	0.224					0.03	1 300	11 843			
	红三叶	0.076	0.033	0.015						900	684			
	菊苣	0.05	0.038	0.038						750	375			
	狼尾草	0.302	0.172	0.172						2 900	8 758			
	牛鞭草	0.014	0.005	0.005						1 400	196			
彭水县	小计	0.4								3 640	4 160			
	白三叶	0.2								520	1 040			
	红三叶	0.1								820	820			
	狼尾草	0.1								2 300	2 300			

表 3-3 多年生黑麦草

行政区划	饲草种类	人工种草保留面积/万亩				农闲田种草
			当年人工种草面积	♯当年耕地种草面积		冬闲田种草面积
重庆市	多年生黑麦草	4.034	0.496	0.455	0.115	
綦江区	多年生黑麦草	0.12	0.01	0.01	0.01	
黔江区	多年生黑麦草	0.004	0.002	0.001		
合川区	多年生黑麦草	0.269				
永川区	多年生黑麦草	0.002				
南川区	多年生黑麦草	0.1	0.1	0.06	0.06	
开州区	多年生黑麦草	0.315	0.098	0.098		
梁平县	多年生黑麦草	0.08				
城口县	多年生黑麦草					
丰都县	多年生黑麦草	1.421				
垫江县	多年生黑麦草	0.01				
武隆县	多年生黑麦草	0.008	0.005	0.005		
忠　县	多年生黑麦草	0.025	0.002	0.002		
云阳县	多年生黑麦草	0.14	0.04	0.04		
奉节县	多年生黑麦草	0.429	0.003	0.003	0.003	
巫溪县	多年生黑麦草	0.058	0.011	0.011	0.011	
石柱县	多年生黑麦草	0.14				
秀山县	多年生黑麦草	0.002	0.001	0.001	0.001	
酉阳县	多年生黑麦草	0.911	0.224	0.224	0.03	

生产情况

面积/万亩							
夏秋闲田种草面积	果园隙地种草面积	四边地种草面积	其他种草面积	人工种草单产/(千克/亩)	人工种草产量(折合干草)/吨	鲜草实际青贮量/吨	灌溉比例/%
	0.013	0.027	0.075	992.352	40 031.49	1 054	
		0.01		943	1 131.6	1 036	
				870	34.8		
				730	1 963.7	18	6
				1 220	24.4		
		0.016	0.044	790	790		
				896	2 822.4		10
				803	642.4		
				1 010			
				940	13 357.4		
				910	91		
				800	64		
				649	162.25		100
				800	1 120		
	0.002	0.001		1 050	4 504.5		
	0.01		0.001	588	341.04		
				800	1 120		
	0.001			950	19		
			0.03	1 300	11 843		

重庆草业2021

表 3 - 4　狼尾草

| 行政区划 | 饲草种类 | 人工种草保留面积/万亩 | | | | 农闲田种草 |
			当年人工种草面积	#当年耕地种草面积		冬闲田种草面积
重庆市	狼尾草	4.253	0.681	0.616	0.173	
万州区	狼尾草	0.316	0.096	0.096	0.096	
涪陵区	狼尾草	0.23	0.01	0.01		
綦江区	狼尾草	0.037				
大足区	狼尾草	0.19				
黔江区	狼尾草	0.013	0.011			
长寿区	狼尾草	0.103	0.03	0.03		
江津区	狼尾草	0.07				
合川区	狼尾草	0.8				
永川区	狼尾草	0.016				
南川区	狼尾草	0.01	0.01			
潼南区	狼尾草	0.262	0.12	0.12	0.03	
荣昌区	狼尾草	0.058	0.02	0.02		
开州区	狼尾草	0.362	0.112	0.07	0.042	
梁平县	狼尾草	0.211				
城口县	狼尾草	0.027				
丰都县	狼尾草	0.785				
武隆县	狼尾草	0.065	0.055	0.053	0.002	
忠　县	狼尾草	0.162	0.001	0.001		
云阳县	狼尾草	0.1	0.04	0.04		
奉节县	狼尾草	0.03	0.002	0.002	0.002	
秀山县	狼尾草	0.004	0.002	0.002	0.001	
酉阳县	狼尾草	0.302	0.172	0.172		
彭水县	狼尾草	0.1				

第三章　草业生产统计

生产情况

面积/万亩				人工种草单产/（千克/亩）	人工种草产量（折合干草）/吨	鲜草实际青贮量/吨	灌溉比例/%
夏秋闲田种草面积	果园隙地种草面积	四边地种草面积	其他种草面积				
	0.063	0.11		2 484.755	105 676.61	27 194	
		0.096		2 650	8 374		
				2 950	6 785	350	1
				1 820	673.4		
				2 427	4 611.3		
				2 001	260.13		
				2 400	2 472	2 225	
				2 300	1 610		
				2 285	18 280	684	12.5
				2 651	424.16		
				2 560	256		
	0.02	0.01		2 462	6 450.44	4 680	5
				2 500	1 450		100
	0.042			2 370	8 579.4		5
				2 618	5 523.98	2 105	
				2 200	594	700	
				2 610	20 488.5	16 450	
		0.002		2 300	1 495		
				2 440	3 952.8		100
				2 000	2 000		
		0.002		795	238.5		
	0.001			2 500	100		
				2 900	8 758		
				2 300	2 300		

表3-5　白三叶

| 行政区划 | 饲草种类 | 人工种草保留面积/万亩 | | | | 农闲田种草 |
			当年人工种草面积	#当年耕地种草面积		冬闲田种草面积
重庆市	白三叶	4.887	0.586	0.571	0.326	
万州区	白三叶	1.496	0.076	0.076	0.076	
黔江区	白三叶	0.019	0.013	0.003		
南川区	白三叶	0.44	0.22	0.22	0.22	
梁平县	白三叶	0.103				
城口县	白三叶	0.002				
丰都县	白三叶	1.592				
武隆县	白三叶	0.028	0.025	0.02	0.005	
忠　县	白三叶	0.004				
云阳县	白三叶	0.017	0.004	0.004		
奉节县	白三叶	0.119	0.001	0.001	0.001	
巫山县	白三叶	0.065	0.002	0.002	0.002	
巫溪县	白三叶	0.052	0.022	0.022	0.022	
石柱县	白三叶	0.43				
酉阳县	白三叶	0.32	0.223	0.223		
彭水县	白三叶	0.2				

第三章 草业生产统计

生产情况

面积/万亩				人工种草单产/（千克/亩）	人工种草产量（折合干草）/吨	鲜草实际青贮量/吨	灌溉比例/%
夏秋闲田种草面积	果园隙地种草面积	四边地种草面积	其他种草面积				
	0.078	0.127	0.121	485.415	23 722.21	16 450	
	0.06	0.016		322	4 817.12		
				458	87.02		
		0.1	0.12	590	2 596		
				519	534.57		
				570	11.4		
				550	8 756	16 450	
		0.004	0.001	400	112		
				390	15.6		100
				500	85		
	0.001			560	666.4		
	0.002			550	357.5		
	0.015	0.007		500	260		
				500	2 150		
				698	2 233.6		
				520	1 040		

表3-6 红三叶

| 行政区划 | 饲草种类 | 人工种草保留面积/万亩 | | | | 农闲田种草 |
			当年人工种草面积	♯当年耕地种草面积		冬闲田种草面积
重庆市	红三叶	3.967	0.134	0.116	0.098	
万州区	红三叶	0.248	0.096	0.096	0.096	
开州区	红三叶	0.021	0.003	0.003		
云阳县	红三叶	0.001				
奉节县	红三叶	0.217	0.002	0.002	0.002	
巫溪县	红三叶	3.264				
石柱县	红三叶	0.04				
酉阳县	红三叶	0.076	0.033	0.015		
彭水县	红三叶	0.1				

生产情况

面积/万亩				人工种草单产/（千克/亩）	人工种草产量（折合干草）/吨	鲜草实际青贮量/吨	灌溉比例/%
夏秋闲田种草面积	果园隙地种草面积	四边地种草面积	其他种草面积				
	0.061	0.037		523.215	20 755.93		
	0.06	0.036		530	1 314.4		
				640	134.4		10
				500	5		
	0.001	0.001		589	1 278.13		
				500	16 320		
				500	200		
				900	684		
				820	820		

重庆草业2021

表 3-7　紫花苜蓿

| 行政区划 | 饲草种类 | 人工种草保留面积/万亩 | | | | 农闲田种草 |
			当年人工种草面积	♯当年耕地种草面积		冬闲田种草面积
重庆市	紫花苜蓿	0.724	0.06	0.06	0.055	
梁平县	紫花苜蓿	0.02				
城口县	紫花苜蓿	0.043				
垫江县	紫花苜蓿	0.001				
云阳县	紫花苜蓿	0.015	0.005	0.005		
奉节县	紫花苜蓿	0.197	0.002	0.002	0.002	
巫山县	紫花苜蓿	0.388	0.003	0.003	0.003	
巫溪县	紫花苜蓿	0.06	0.05	0.05	0.05	

生产情况

面积/万亩				人工种草单产/（千克/亩）	人工种草产量（折合干草）/吨	鲜草实际青贮量/吨	灌溉比例/%
夏秋闲田种草面积	果园隙地种草面积	四边地种草面积	其他种草面积				
	0.009	0.001	0.045	839.315	6 076.64		
				757	151.4		
				870	374.1		
				690	6.9		
				800	120		
	0.001	0.001		792	1 560.24		
	0.003			900	3 492		
	0.005		0.045	620	372		

三、一年生牧草生产情况

2021年，重庆市一年生牧草生产情况见表3-8。多花黑麦草生产情况见表3-9；青贮玉米生产情况见表3-10；青贮青饲高粱生产情况见表3-11；墨西哥类玉米生产情况见表3-12；饲用块根块茎作物生产情况见表3-13。

表3-8 一年生牧草生产情况

行政区划	饲草种类	人工种草保留面积/万亩 小计	当年耕地种草面积	农闲田种草面积/万亩	冬闲田种草面积	夏秋闲田种草面积	果园隙地种草面积	四边地种草面积	其他种草面积	人工种草单产(千克/亩)	人工种草产量(折合干草)/吨	鲜草青贮实际量/吨	收贮面积/万亩	灌溉比例/%	备注
重庆市		27.571	24.919	12.048	4.071	4.725	0.598	2.061	0.593	939.627	259 064.46	148 302	1.439		
万州区	小计	2.924	2.924	1.122	0.066	0.21	0.014	0.832		3 232	21 092.55	39 230			
	多花黑麦草	0.675	0.675	0.239	0.066		0.014	0.159		852	5 751				
	墨西哥类玉米	0.008	0.008	0.002				0.002		898	71.84	30			
	饲用块根块茎作物	2.198	2.198	0.878		0.21		0.668		679	14 924.42	39 200			
	苏丹草	0.043	0.043	0.003				0.003		803	345.29				

（续）

行政区划	饲草种类	人工种草保留面积/万亩	当年耕地种草面积/万亩	农闲田种草面积/万亩	冬闲田种草面积	夏秋闲田种草面积	果园隙地种草面积	四边地种草面积	其他种草面积	人工种草单产/(千克/亩)	人工种草产量（折合干草）/吨	鲜草实际青贮量/吨	收贮面积/万亩	灌溉比例/%	备注
涪陵区	小计	0.173	0.153	0.02	0.01				0.01	4 100	2 034				
	多花黑麦草	0.12	0.1	0.02	0.01				0.01	1 100	1 320				
	青贮青饲高粱	0.013	0.013							1 800	234				
	青贮玉米	0.04	0.04							1 200	480				
綦江区	小计	0.12	0.12	0.12	0.05	0.039		0.031		3 720	1 290				
	多花黑麦草	0.071	0.071	0.071	0.05			0.021		1 250	887.5				
	青贮青饲高粱	0.01	0.01	0.01		0.006		0.004		820	82				
	青贮玉米	0.017	0.017	0.017		0.011		0.006		850	144.5				
	饲用块根块茎作物	0.022	0.022	0.022		0.022				800	176				
大足区	小计	0.338	0.235	0.147	0.08	0.03	0.005	0.021	0.011	2 444	4 470.96			1	
	多花黑麦草	0.3	0.2	0.125	0.08	0.01	0.005	0.02	0.01	1 352	4 056			1	
	青贮青饲高粱	0.038	0.035	0.022		0.02		0.001	0.001	1 092	414.96				

（续）

行政区划	饲用草种类	人工种草保留面积/万亩			农闲田种草面积/万亩					人工种草单产/(千克/亩)	人工种草产量(折合干草)/吨	鲜草实际青贮量/吨	收贮面积/万亩	灌溉比例/%	备注
		小计	当年耕地种草面积	农闲田种草面积	冬闲田种草面积	夏秋闲田种草面积	果园隙地种草面积	四边地种草面积	其他种草面积						
黔江区	小计	1.846	1.74	0.118	0.004			0.11		4 273	18 799.67	29 875			
	多花黑麦草	0.047	0.014	0.008	0.004	0.004				1 225	575.75				
	青贮青饲高粱	0.027	0.02							1 185	319.95	1 125			
	青贮玉米	1.165	1.106	0.11				0.11		1 182	13 770.3	28 750			
	饲用块根块茎作物	0.607	0.6							681	4 133.67				
长寿区	小计	0.04													
	青贮玉米	0.04								1 200	480	432			
江津区	小计	0.2	0.13	0.07			0.02	0.05		2 540	3 008				
	多花黑麦草	0.19	0.12	0.07			0.02	0.05		1 530	2 907				
	饲用块根块茎作物	0.01	0.01							1 010	101				
合川区	小计	0.467	0.467							2 880	5 699.5	4 000			
	多花黑麦草	0.345	0.345							1 250	4 312.5			14	
	青贮玉米	0.112	0.112							1 200	1 344	4 000		8	
	饲用燕麦	0.01	0.01							430	43			5	

（续）

行政区划	饲草种类	人工种草保留面积/万亩	当年耕地种草面积	农闲田种草面积/万亩	冬闲田种草面积	夏秋闲田种草面积	果园隙地种草面积	四边地种草面积	其他种草面积	人工种草单产/(千克/亩)	人工种草产量(折合干草)/吨	鲜草实际青贮量/吨	收贮面积/万亩	灌溉比例/%	备注
永川区	墨西哥类玉米	0.002								1 352	27.04				
南川区	小计	0.815	0.74	0.713	0.54		0.053	0.12		2 820	12 108	11 953			
	多花黑麦草	0.75	0.74	0.713	0.54		0.053	0.12		1 500	11 250	11 365			
	饲用黑麦	0.065								1 320	858	588			
璧山区	多花黑麦草	0.005	0.005	0.004		0.004	0.002	0.003		1 200	60				
铜梁区	小计	0.007	0.003	0.004						3 212	112.48				
	多花黑麦草	0.003	0.003							1 600	48	48			
	墨西哥类玉米	0.004		0.004		0.004				1 612	64.48				
潼南区	小计	2.312	2.312	1.362	0.2	0.87	0.16	0.132		3 274	23 110.64	7 480			
	多花黑麦草	0.23	0.23	0.23	0.2	0.35		0.03		1 360	3 128	1 260			
	青贮玉米	0.462	C.462	0.4		0.52	0.16	0.05		952	4 398.24	3 260			
	饲用块根块茎作物	1.62	1.62	0.732				0.052		962	15 584.4	2 960			
荣昌区	多花黑麦草	0.07	0.07	0.02	0.02					1 400	980			100	

（续）

行政区划	饲草种类	人工草种留面积/万亩		农闲田种草面积/万亩						人工种草单产/(千克/亩)	人工种草产量（折合干草）/吨	鲜草实际青贮量/吨	收贮面积/万亩	灌溉比例/%	备注
		小计	当年耕地种面积	农闲田种草面积	冬闲田种草面积	夏秋闲田种草面积	果园隙地种草面积	四边地种草面积	其他种草面积						
开州区	小计	4.036	3.167	0.048	0.03		0.018			4 270	35 935.8	6 800	1.389		
	多花黑麦草	0.497	0.068	0.048	0.03		0.018			1 290	6 411.3	950	0.403	10	
	青贮青饲高粱	0.029	0.029							1 350	391.5	350		20	
	青贮玉米	1.89	1.55							1 010	19 089	5 500	0.986	20	
	饲用块根块茎作物	1.62	1.52							620	10 044			30	
梁平县	小计	0.055	0.024	0.023	0.001	0.017	0.004	0.001		3 519	683.45				
	多花黑麦草	0.037	0.018	0.018	0.001	0.014	0.002	0.001		1 317	487.29				
	青贮青饲高粱	0.008	0.006	0.005		0.003	0.002			1 202	96.16				
	苏丹草	0.01								1 000	100				
城口县	小计	0.865	0.81	0.658	0.035	0.52	0.1	0.003		4 315	4 632	2 600			
	多花黑麦草	0.01	0.01	0.008	0.005			0.003		1 280	128				
	墨西哥类玉米	0.11	0.11							1 340	1 474				
	青贮青饲高粱	0.025								1 320	330				
	饲用块根块茎作物	0.72	0.69	0.65	0.03	0.52	0.1			375	2 700	2 600			

（续）

行政区划	饲草种类	人工种草保留面积/万亩	当年耕地种草面积	农闲田种草面积/万亩					人工种草单产/(千克/亩)	人工种草产量(折合干草)/吨	鲜草实际青贮量/吨	收贮面积/万亩	灌溉比例/%	备注
				冬闲田种草面积	夏秋闲田种草面积	果园隙地种草面积	四边地种草面积	其他种草面积						
丰都县	小计	1.151	1.151		0.765				2 450	13 676	24 180			
	青贮青饲高粱	0.406	0.406		0.29				1 350	5 481	7 980			
	青贮玉米	0.745	0.745		0.475				1 100	8 195	16 200			
垫江县	小计	0.906							4 060	7 842				
	多花黑麦草	0.036							1 000	360				
	青贮青饲高粱	0.03							1 100	330				
	青贮玉米	0.24							1 280	3 072				
	饲用块根块茎作物	0.6							680	4 080				
武隆县	小计	1.076	1.076	0.41	0.21		0.451	0.005	4 200	12 698	3 003			
	多花黑麦草	0.85	0.85	0.4			0.45		1 200	10 200				
	青贮青饲高粱	0.14	0.14		0.14				1 200	1 680	853			
	青贮玉米	0.065	0.065		0.06			0.005	1 000	650	1 500			
	饲用块根块茎作物	0.021	0.021	0.01	0.01		0.001		800	168	650			

（续）

行政区划	饲草种类	人工种草保留面积/万亩	当年耕地种草面积	农闲田种草面积/万亩	冬闲田种草面积	夏秋闲田种草面积	果园隙地种草面积	四边地种草面积	其他种草面积	人工种草单产/(千克/亩)	人工种草产量(折合干草)/吨	鲜草实际青贮量/吨	收贮面积/万亩	灌溉比例/%	备注
忠县	小计	0.169	0.064	0.04	0.03			0.01		5 402	1 258.9				
	多花黑麦草	0.04	0.04	0.04	0.03			0.01		1 205	482			100	
	青贮青饲高粱	0.005	0.005							1 302	65.1			100	
	青贮玉米	0.019	0.019							1 190	226.1			100	
	饲用块根块茎作物	0.104								455	473.2			100	
	苏丹草	0.001								1 250	12.5			100	
云阳县	小计	3.4	3.4	2.7	1.05	1.65				3 900	31 500				
	多花黑麦草	1.5	1.5	1.05	1.05					1 200	18 000				
	墨西哥类玉米	0.3	0.3	0.25		0.25				1 200	3 600				
	青贮青饲高粱	0.5	0.5	0.4		0.4				1 100	5 500				
	饲用块根块茎作物	1.1	1.1	1		1				400	4 400				
奉节县	小计	2.889	2.831	1.856	1.138	0.4	0.128	0.18	0.01	5 445	22 232.37	1 409			
	多花黑麦草	0.17	0.13	0.105		0.035	0.022	0.048		1 280	2 176	652			
	青贮玉米	0.229	0.211	0.211		0.211				1 059	2 425.11	757			
	饲用黑麦	0.119	0.119	0.119	0.098		0.021			1 280	1 523.2				
	饲用块根块茎作物	2.2	2.2	1.25	1.04	0.06	0.08	0.06	0.01	640	14 080				
	苏丹草	0.171	0.171	0.171		0.094	0.005	0.072		1 186	2 028.06				

行政区划	饲草种类	人工种草保留面积/万亩	当年耕地种草面积	冬闲田种草面积	夏秋闲田种草面积	果园隙地种草面积	四边地种草面积	其他种草面积	人工种草单产(千克/亩)	人工种草产量(折合干草)/吨	鲜草实际产量/吨	收贮面积/万亩	灌溉比例/%	备注
	小计	0.515	0.505	0.002	0.01		0.002	0.001	3 740	4 367	1 750	0.05		
	多花黑麦草	0.005	0.005	0.002	0.01		0.002	0.001	1 740	87				
	青贮玉米	0.05	0.04		0.01				1 200	600	1 750	0.05		
巫山县	饲用块根块茎作物	0.46	0.46						800	3 680				饲料成本增长，猪价下跌，红薯出售价格低廉，所以中小型养殖场将红薯作为饲料。经过调研发现，当地种植大户将绝大部分红薯用作饲料，而非出售或作食用

（续）

行政区划	饲草种类	人工种草保留面积/万亩	当年耕地种草面积	冬闲田种草面积	夏秋闲田种草面积	果园隙地种草面积	四边地种草面积	其他种草面积	人工种草单产/(千克/亩)	人工种草产量(折合干草)/吨	鲜草实际青贮量/吨	收储面积/万亩	灌溉比例/%	备注
巫溪县	小计	0.949	0.949	0.25		0.07	0.08	0.549	3 400	8 052	6 000			
	多花黑麦草	0.239	0.239	0.22				0.019	800	1 912				
	青贮青饲高粱	0.23	0.23					0.23	1 000	2 300	3 000			
	青贮玉米	0.3	0.3					0.3	800	2 400	3 000			
	饲用块根块茎作物	0.18	0.18	0.03		0.07	0.08		800	1 440				
石柱县	小计	0.19							2 100	1 950				
	青贮青饲高粱	0.14							1 000	1 400				
	青贮玉米	0.05							1 100	550				
秀山县	小计	0.656	0.647						4 340	6 113.3				
	多花黑麦草	0.138	0.138						1 350	1 863				
	青贮青饲高粱	0.039	0.03						1 320	514.8				
	青贮玉米	0.035	0.035						430	150.5				
	饲用块根块茎作物	0.441	0.441						810	3 572.1				
	饲用燕麦	0.003	0.003						430	12.9				

（其中"冬闲田种草面积""夏秋闲田种草面积"列为"农闲田种草面积/万亩"小项）

（续）

行政区划	饲草种类	人工种草保留面积/万亩							人工种草单产/(千克/亩)	人工种草产量(折合干草)/吨	鲜草实际青贮量/吨	收贮面积/万亩	灌溉比例/%	备注
		当年耕地种草面积	农闲田种草面积/万亩											
				冬闲田种草面积	夏秋闲田种草面积	果园隙地种草面积	四边地种草面积	其他种草面积						
酉阳县	小计	0.845	0.017	0.005			0.005	0.007	6 820	6 700.8	9 590			
	多花黑麦草	0.055	0.008	0.001			0.002	0.005	1 550	852.5				
	墨西哥类玉米	0.016	0.001				0.001		1 550	248	90			
	青贮青饲高粱	0.083	0.001				0.001		1 500	1 245	2 000			
	青贮玉米	0.177							1 150	2 035.5	7 500			
	饲用块根块茎作物	0.51	0.003				0.001	0.002	450	2 295				
	紫云英(非绿肥)	0.004	0.004	0.004					620	24.8				
彭水县	小计	0.55	0.2	0.15		0.02	0.03		4 300	8 150				
	多花黑麦草	0.2	0.2	0.15		0.02	0.03		2 000	4 000				
	青贮青饲高粱	0.05							1 100	550				
	青贮玉米	0.3							1 200	3 600				

表3-9　多花黑麦草

行政区划	饲草种类	人工种草保留面积/万亩	当年耕地种草面积	农闲田种草	冬闲田种草面积	夏秋闲田种草面积	果园隙地种草面积
重庆市	多花黑麦草	6.583	5.823	4.072	2.859	0.059	0.16
万州区	多花黑麦草	0.675	0.675	0.239	0.066		0.014
涪陵区	多花黑麦草	0.12	0.1	0.02	0.01		
綦江区	多花黑麦草	0.071	0.071	0.071	0.05		
大足区	多花黑麦草	0.3	0.2	0.125	0.08	0.01	0.005
黔江区	多花黑麦草	0.047	0.014	0.008	0.004		0.004
江津区	多花黑麦草	0.19	0.12	0.07			0.02
合川区	多花黑麦草	0.345	0.345				
南川区	多花黑麦草	0.75	0.74	0.713	0.54		0.053
璧山区	多花黑麦草	0.005	0.005	0.005			0.002
铜梁区	多花黑麦草	0.003					
潼南区	多花黑麦草	0.23	0.23	0.23	0.2		
荣昌区	多花黑麦草	0.07	0.07	0.02	0.02		
开州区	多花黑麦草	0.497	0.068	0.048	0.03		0.018
梁平县	多花黑麦草	0.037	0.018	0.018	0.001	0.014	0.002
城口县	多花黑麦草	0.01	0.01	0.008	0.005		
垫江县	多花黑麦草	0.036					
武隆县	多花黑麦草	0.85	0.85	0.85	0.4		
忠　县	多花黑麦草	0.04	0.04	0.04	0.03		
云阳县	多花黑麦草	1.5	1.5	1.05	1.05		
奉节县	多花黑麦草	0.17	0.13	0.105		0.035	0.022
巫山县	多花黑麦草	0.005	0.005	0.005	0.002		
巫溪县	多花黑麦草	0.239	0.239	0.239	0.22		
秀山县	多花黑麦草	0.138	0.138				
酉阳县	多花黑麦草	0.055	0.055	0.008	0.001		
彭水县	多花黑麦草	0.2	0.2	0.2	0.15		0.02

生产情况

面积/万亩		人工种草单产/（千克/亩）	人工种草产量（折合干草）/吨	鲜草实际青贮量/吨	收贮面积/万亩	灌溉比例/%
四边地种草面积	其他种草面积					
0.949	0.045	1 249.200	82 234.84	14 227	0.403	
0.159		852	5 751			
	0.01	1 100	1 320			
0.021		1 250	887.5			
0.02	0.01	1 352	4 056			1
		1 225	575.75			
0.05		1 530	2 907			
		1 250	4 312.5			14
0.12		1 500	11 250	11 365		
0.003		1 200	60			
		1 600	48			
0.03		1 360	3 128	1 260		
		1 400	980			100
		1 290	6 411.3	950	0.403	10
0.001		1 317	487.29			
0.003		1 280	128			
		1 000	360			
0.45		1 200	10 200			
0.01		1 205	482			100
		1 200	18 000			
0.048		1 280	2 176	652		
0.002	0.001	1 740	87			
	0.019	800	1 912			
		1 350	1 863			
0.002	0.005	1 550	852.5			
0.03		2 000	4 000			

表 3 - 10　青贮玉米

行政区划	饲草种类	人工种草保留面积/万亩	当年耕地种草面积	农闲田种草		
				冬闲田种草面积	夏秋闲田种草面积	果园隙地种草面积
重庆市	青贮玉米	5.936	5.179	1.588	1.117	
涪陵区	青贮玉米	0.04	0.04			
綦江区	青贮玉米	0.017	0.017	0.017	0.011	
黔江区	青贮玉米	1.165	1.106	0.11		
长寿区	青贮玉米	0.04				
合川区	青贮玉米	0.112	0.112			
潼南区	青贮玉米	0.462	0.462	0.4	0.35	
开州区	青贮玉米	1.89	1.55			
丰都县	青贮玉米	0.745	0.745	0.475	0.475	
垫江县	青贮玉米	0.24				
武隆区	青贮玉米	0.065	0.065	0.065	0.06	
忠　县	青贮玉米	0.019	0.019			
奉节县	青贮玉米	0.229	0.211	0.211	0.211	
巫山县	青贮玉米	0.05	0.04	0.01	0.01	
巫溪县	青贮玉米	0.3	0.3	0.3		
石柱县	青贮玉米	0.05				
秀山县	青贮玉米	0.035	0.035			
酉阳县	青贮玉米	0.177	0.177			
彭水县	青贮玉米	0.3	0.3			

生产情况

面积/万亩		人工种草单产/（千克/亩）	人工种草产量（折合干草）/吨	鲜草实际青贮量/吨	收贮面积/万亩	灌溉比例/%	备注
四边地种草面积	其他种草面积						
0.166	0.305	1 071.601	63 610.25	72 649	1.036		
		1 200	480				
0.006		850	144.5				
0.11		1 182	13 770.3	28 750			
		1 200	480	432			
		1 200	1 344	4 000		8	
0.05		952	4 398.24	3 260			
		1 010	19 089	5 500	0.986	20	
		1 100	8 195	16 200			
		1 280	3 072				
	0.005	1 000	650	1 500			
		1 190	226.1			100	
		1 059	2 425.11	757			
		1 200	600	1 750	0.05		
	0.3	800	2 400	3 000			
		1 100	550				
		430	150.5				
		1 150	2 035.5	7 500			
		1 200	3 600				

表3-11 青贮青饲高粱

行政区划	饲草种类	人工种草保留面积/万亩	当年耕地种草面积		农闲田种草		
					冬闲田种草面积	夏秋闲田种草面积	果园隙地种草面积
重庆市	青贮青饲高粱	1.773	1.557	1.098		0.859	0.002
涪陵区	青贮青饲高粱	0.013	0.013				
綦江区	青贮青饲高粱	0.01	0.01	0.01		0.006	
大足区	青贮青饲高粱	0.038	0.035	0.022		0.02	
黔江区	青贮青饲高粱	0.027	0.02				
开州区	青贮青饲高粱	0.029	0.029				
梁平区	青贮青饲高粱	0.008	0.006	0.005		0.003	0.002
城口县	青贮青饲高粱	0.025					
丰都县	青贮青饲高粱	0.406	0.406	0.29		0.29	
垫江县	青贮青饲高粱	0.03					
武隆区	青贮青饲高粱	0.14	0.14	0.14		0.14	
忠　县	青贮青饲高粱	0.005	0.005				
云阳县	青贮青饲高粱	0.5	0.5	0.4		0.4	
巫溪县	青贮青饲高粱	0.23	0.23	0.23			
石柱县	青贮青饲高粱	0.14					
秀山县	青贮青饲高粱	0.039	0.03				
酉阳县	青贮青饲高粱	0.083	0.083	0.001			
彭水县	青贮青饲高粱	0.05	0.05				

生产情况

面积/万亩		人工种草单产/（千克/亩）	人工种草产量（折合干草）/吨	鲜草实际青贮量/吨	收贮面积/万亩	灌溉比例/%	备注
四边地种草面积	其他种草面积						
0.006	0.231	1 180.737	20 934.47	15 308			
		1 800	234				
0.004		820	82				
0.001	0.001	1 092	414.96			1	
		1 185	319.95	1 125			
		1 350	391.5	350		20	
		1 202	96.16				
		1 320	330				
		1 350	5 481	7 980			
		1 100	330				
		1 200	1 680	853			
		1 302	65.1			100	
		1 100	5 500				
	0.23	1 000	2 300	3 000			
		1 000	1 400				
		1 320	514.8				
0.001		1 500	1 245	2 000			
		1 100	550				

表 3－12　墨西哥类玉米

行政区划	饲草种类	人工种草保留面积/万亩	当年耕地种草面积		农闲田种草		
---	---	---	---	---	冬闲田种草面积	夏秋闲田种草面积	果园隙地种草面积
重庆市	墨西哥类玉米	0.44	0.438	0.257		0.254	
万州区	墨西哥类玉米	0.008	0.008	0.002			
永川区	墨西哥类玉米	0.002					
铜梁区	墨西哥类玉米	0.004	0.004	0.004		0.004	
城口县	墨西哥类玉米	0.11	0.11				
云阳县	墨西哥类玉米	0.3	0.3	0.25		0.25	
酉阳县	墨西哥类玉米	0.016	0.016	0.001			

生产情况

面积/万亩		人工种草单产/（千克/亩）	人工种草产量（折合干草）/吨	鲜草实际青贮量/吨	收贮面积/万亩	灌溉比例/%	备注
四边地种草面积	其他种草面积						
0.003		1 246.673	5 485.36	2 720			
0.002		898	71.84	30			
		1 352	27.04				
		1 612	64.48				
		1 340	1 474	2 600			
		1 200	3 600				
0.001		1 550	248	90			

表 3－13　饲用块根块茎

行政区划	饲草种类	人工种草保留面积/万亩	当年耕地种草面积	农闲田种草	冬闲田种草面积	夏秋闲田种草面积	果园隙地种草面积
重庆市	饲用块根块茎作物	12.413	11.572	4.736	1.11	2.342	0.41
万州区	饲用块根块茎作物	2.198	2.198	0.878		0.21	
綦江区	饲用块根块茎作物	0.022	0.022	0.022		0.022	
黔江区	饲用块根块茎作物	0.607	0.6				
江津区	饲用块根块茎作物	0.01	0.01				
潼南区	饲用块根块茎作物	1.62	1.62	0.732		0.52	0.16
开州区	饲用块根块茎作物	1.62	1.52				
城口县	饲用块根块茎作物	0.72	0.69	0.65	0.03	0.52	0.1
垫江县	饲用块根块茎作物	0.6					
武隆县	饲用块根块茎作物	0.021	0.021	0.021	0.01	0.01	
忠县	饲用块根块茎作物	0.104					
云阳县	饲用块根块茎作物	1.1	1.1	1		1	
奉节县	饲用块根块茎作物	2.2	2.2	1.25	1.04	0.06	0.08
巫山县	饲用块根块茎作物	0.46	0.46				
巫溪县	饲用块根块茎作物	0.18	0.18	0.18	0.03		0.07
秀山县	饲用块根块茎作物	0.441	0.441				
酉阳县	饲用块根块茎作物	0.51	0.51	0.003			

第三章　草业生产统计

作物生产情况

面积/万亩		人工种草单产/（千克/亩）	人工种草产量（折合干草）/吨	鲜草实际青贮量/吨	收贮面积/万亩	灌溉比例/%	备注
四边地种草面积	其他种草面积						
0.862	0.012	659.404	81 851.79	42 810	1.439		
0.668		679	14 924.42	39 200			
		800	176				
		681	4 133.67				
		1 010	101				
0.052		962	15 584.4	2 960			
		620	10 044			30	
		375	2 700				
		680	4 080				
0.001		800	168	650			
		455	473.2			100	
		400	4 400				
0.06	0.01	640	14 080				
							饲料成本增长，猪价下跌，而红薯出售价格低廉，所以中小型养殖场将红薯作为饲料。经过调研发现，当地种植户将绝大部分红薯用作饲料，而非出售或食用
		800	3 680				
0.08		800	1 440				
		810	3 572.1				
0.001	0.002	450	2 295				

重庆草业 2021

四、商品草生产情况

2021年，重庆市商品草生产情况见表3-14。

表3-14　商品草

行政区域	饲草种类	饲草类别	生产面积/万亩	单位面积产量/（千克/亩）	干草总产量（折合干草）/吨
重庆市			0.455	2 214.341	10 075.25
渝北区	其他多年生饲草	多年生	0.03	3 000	900
梁平县	狼尾草	多年生	0.175	2 619	4 583.25
丰都县	狼尾草	多年生	0.1	2 680	2 680
丰都县	青贮青饲高粱	一年生	0.08	1 360	1 088
丰都县	青贮玉米	一年生	0.02	1 120	224
彭水县	青贮玉米	一年生	0.05	1 200	600

五、草产品加工企业生产情况

2021年，重庆市草产品加工企业生产情况见表3-15。

表3-15　草产品加工

行政区划	企业名称	牧草种类	饲草类别	干草实际生产量/吨
重庆市				
梁平县	重庆市小白水农业开发有限公司	狼尾草	多年生	
丰都县	丰都县大地牧歌农业开发有限公司	狼尾草	多年生	
丰都县	丰都县大地牧歌农业开发有限公司	青贮青饲高粱	一年生	
丰都县	丰都县大地牧歌农业开发有限公司	青贮玉米	一年生	

生产情况

商品干草总产量/吨	商品干草销售量/吨	鲜草实际青贮量/吨	青贮销售量/吨	灌溉比例/%	备注
		26 490	22 537		
		6 000	6 000	50	金牧粮草，企业种植饲草全部青贮后出售
		12 500	8 547		
		5 100	5 100		
		2 380	2 380		
		510	510		

企业生产情况

草捆产量/吨	草块产量/吨	草颗粒产量/吨	草粉产量/吨	其他产量/吨	青贮产品生产量/吨	草种生产量/吨
					14 238	
					6 248	
					5 100	
					2 380	
					510	

六、农闲田面积情况

2021年，重庆市农闲田面积情况见表3-16。

表3-16　农闲田

行政区划	农闲田可种草面积/万亩					
		冬闲田可种草面积	夏秋闲田可种草面积	果园隙地可种草面积	四边地可种草面积	其他可种草面积
重庆市	498.06	274.665	96.788	69.395	35.264	21.948
万州区	33.21	5.35	5.36	13.98	5.96	2.56
涪陵区	1.111	0.12	0.125	0.391	0.05	0.425
綦江区	36.2	29.5	3.2	2	1.5	
大足区	39.6	30	8	0.6	0.5	0.5
渝北区	0.035			0.005		0.03
黔江区	24.31	10.02	6.02	5.5	2.32	0.45
江津区	3.27	0.64	0.53	0.86	0.78	0.46
永川区	34.27	24.7	9	0.16	0.3	0.11
南川区	3.1	1	1	0.1	0.5	0.5
璧山区	20.3	14.8	4.9	0.22	0.28	0.1
铜梁区	0.358	0.012	0.013		0.06	0.273
潼南区	2.3	0.9	0.9	0.3	0.2	
荣昌区	74.26	62.9	8.7	1.76	0.6	0.3
开州区	0.375	0.25		0.125		
梁平县	0.026	0.002	0.018	0.004	0.002	
城口县	2.93	0.11	1.26	0.76	0.79	0.01
丰都县	51.46	19.21	10.12	15.23	6.9	
武隆县	3.71	1.4	1.2	0.6	0.5	0.01
忠县	72.83	36.34	23.48	8	2.98	2.03
云阳县	15.62	4.82	4	4.5	2.3	
奉节县	21.36	8.8	3.35	5.48	2.45	1.28
巫山县	12.35	7.431	0.822	1.985	0.612	1.5
巫溪县	6.05	0.3	0.11	0.22	0.22	5.2
石柱县	32.03	10.76	4.18	5.79	5.13	6.17
秀山县	0.005			0.005		
酉阳县	5.99	5	0.5	0.32	0.13	0.04
彭水县	1	0.3		0.5	0.2	

面积情况

	农闲田已种草面积/万亩				
	冬闲田 已种草面积	夏秋闲田 已种草面积	果园隙地 已种草面积	四边地 已种草面积	其他 已种草面积
13.058	4.071	4.725	0.823	2.555	0.884
1.579	0.066	0.21	0.134	1.169	
0.02	0.01				0.01
0.13	0.05	0.039		0.041	
0.147	0.08	0.03	0.005	0.021	0.011
0.03					0.03
0.118	0.004		0.004	0.11	
0.07			0.02	0.05	
0.993	0.54		0.053	0.236	0.164
0.005			0.002	0.003	
0.024		0.004			0.02
1.392	0.2	0.87	0.18	0.142	
0.02	0.02				
0.09	0.03		0.06		
0.023	0.001	0.017	0.004	0.001	
0.658	0.035	0.52	0.1	0.003	
0.765		0.765			
1.083	0.41	0.21		0.457	0.006
0.04	0.03			0.01	
2.7	1.05	1.65			
1.87	1.138	0.4	0.134	0.188	0.01
0.02	0.002	0.01	0.005	0.002	0.001
1.032	0.25		0.1	0.087	0.595
0.002			0.002		
0.047	0.005			0.005	0.037
0.2	0.15		0.02	0.03	

七、农闲田种草情况

2021年，重庆市农闲田种草情况见表3-17。

表3-17 农闲田种草情况

行政区划	饲草种类	饲草类别	小计	农闲田已种草面积/万亩					备注
				冬闲田已种草面积	夏秋闲田已种草面积	果园隙地已种草面积	四边地已种草面积	其他已种草面积	
重庆市	小计		13.058	4.071	4.725	0.823	2.555	0.884	
	白三叶	多年生	1.579	0.066	0.21	0.134	1.169		
	红三叶	多年生	0.076			0.06	0.016		
	菊苣	多年生	0.096			0.06	0.036		
	狼尾草	多年生	0.019				0.019		
	苇状羊茅	多年生	0.096				0.096		
	韦状羊茅	多年生	0.17				0.17		
	多花黑麦草	一年生	0.239	0.066		0.014	0.159		
	墨西哥类玉米	一年生	0.002				0.002		
	饲用块根块茎作物	一年生	0.878		0.21		0.668		
	苏丹草	一年生	0.003				0.003		
万州区									

（续）

行政区划	饲草种类	饲草类别	农闲田已种草面积/万亩						备注
				冬闲田已种草面积	夏秋闲田种草面积	果园隙地已种草面积	四边地种草面积	其他已种草面积	
涪陵区	多花黑麦草	一年生	0.02	0.01				0.01	
綦江区	小计		0.13	0.05	0.039		0.041		
	多年生黑麦草	多年生	0.01				0.01		
	多花黑麦草	一年生	0.071	0.05			0.021		
	青贮青饲高粱	一年生	0.01		0.006		0.004		
	青贮玉米	一年生	0.017		0.011		0.006		
	饲用块根块茎作物	一年生	0.022		0.022				
大足区	小计		0.147	0.08	0.03	0.005	0.021	0.011	
	多花黑麦草	一年生	0.125	0.08	0.01	0.005	0.02	0.01	
	青贮青饲高粱	一年生	0.022		0.02		0.001	0.001	
渝北区	其他多年生饲草	多年生	0.03					0.03	金牧粮草，亩产达20吨
黔江区	小计		0.118	0.004		0.004	0.11		
	多花黑麦草	一年生	0.008	0.004		0.004			
	青贮玉米	一年生	0.11				0.11		

（续）

行政区划	饲草种类	饲草类别	农闲田已种草面积/万亩					备注
			冬闲田已种草面积	夏秋闲田已种草面积	果园隙地已种草面积	四边地已种草面积	其他已种草面积	
江津区	多花黑麦草	一年生	0.07			0.02	0.05		
南川区	小计		0.993	0.54		0.053	0.236	0.164	
	白三叶	多年生	0.22				0.1	0.12	
	多年生黑麦草	多年生	0.06				0.016	0.044	
	多花黑麦草	一年生	0.713	0.54		0.053	0.12		
璧山区	多花黑麦草	一年生	0.005			0.002	0.003		
铜梁区	小计		0.024		0.004			0.02	
	其他多年生饲草	多年生	0.02					0.02	皇竹草
	墨西哥类玉米	一年生	0.004		0.004				
潼南区	小计		1.392	0.2	0.87	0.18	0.142		
	狼尾草	多年生	0.03			0.02	0.01		
	多花黑麦草	一年生	0.23	0.2			0.03		
	青贮玉米	一年生	0.4		0.35		0.05		
	饲用块根块茎作物	一年生	0.732		0.52	0.16	0.052		

（续）

行政区划	饲草种类	饲草类别	农闲田已种草面积/万亩						备注
				冬闲田已种草面积	夏秋闲田已种草面积	果园隙地已种草面积	四边地已种草面积	其他已种草面积	
荣昌区	多花黑麦草	一年生	0.02	0.02					
开州区	小计		0.09	0.03		0.06			
	狼尾草	多年生	0.042			0.042			
	多花黑麦草	一年生	0.048	0.03		0.018			
梁平县	小计		0.023	0.001	0.017	0.004	0.001		
	多花黑麦草	一年生	0.018	0.001	0.014	0.002	0.001		
	菁贮青饲高粱	一年生	0.005		0.003	0.002			
城口县	小计		0.658	0.035	0.52	0.1	0.003		
	多花黑麦草	一年生	0.008	0.005			0.003		
	饲用块根块茎作物	一年生	0.65	0.03	0.52	0.1			
丰都县	小计		0.765		0.765				
	菁贮青饲高粱	一年生	0.29		0.29				
	青贮玉米	一年生	0.475		0.475				

（续）

行政区划	饲草种类	饲草类别		农闲田已种草面积/万亩					备注
				冬闲田已种草面积	夏秋闲田已种草面积	果园隙地已种草面积	四边地已种草面积	其他已种草面积	
武隆县	小计		1.083	0.41	0.21		0.457	0.006	
	白三叶	多年生	0.005				0.004	0.001	
	狼尾草	多年生	0.002				0.002		
	多花黑麦草	一年生	0.85	0.4			0.45		
	青贮青饲高粱	一年生	0.14		0.14				
	青贮玉米	一年生	0.065		0.06			0.005	
	饲用块根块茎作物	一年生	0.021	0.01	0.01		0.001		
忠县	小计	一年生	0.04	0.03			0.01		
云阳县	小计		2.7	1.05	1.65				
	多花黑麦草	一年生	1.05	1.05					
	墨西哥类玉米	一年生	0.25		0.25				
	青贮青饲高粱	一年生	0.4		0.4				
	饲用块根块茎作物	一年生	1		1				

（续）

行政区划	饲草种类	饲草类别	面积/万亩	农闲田已种草面积/万亩		果园隙地已种草面积	四边地已种草面积	其他已种草面积	备注
				冬闲田已种草面积	夏秋闲田已种草面积				
奉节县	小计		1.87	1.138	0.4	0.134	0.188	0.01	
	白三叶	多年生	0.001			0.001	0.001		
	多年生黑麦草	多年生	0.003			0.002	0.001		
	红三叶	多年生	0.002				0.001		
	菊苣	多年生	0.003			0.001	0.003		
	聚合草	多年生	0.001			0.001			
	狼尾草	多年生	0.002				0.002		
	紫花苜蓿	多年生	0.002			0.001	0.001		
	多花黑麦草	一年生	0.105		0.035	0.022	0.048		
	青贮玉米	一年生	0.211		0.211				
	饲用黑麦	一年生	0.119	0.098		0.021			
	饲用块根块茎作物	一年生	1.25	1.04	0.06	0.08	0.06		
	苏丹草	一年生	0.171		0.094	0.005	0.072	0.01	

（续）

行政区划	饲草种类	饲草类别		农闲田已种草面积/万亩					备注
				冬闲田已种面积	夏秋闲田已种面积	果园隙地已种草面积	四边地已种草面积	其他已种草面积	
巫山县	小计		0.02	0.002		0.005	0.002	0.001	
	白三叶	多年生	0.002		0.01	0.002			
	紫花苜蓿	多年生	0.003			0.003			
	多花黑麦草	一年生	0.005	0.002			0.002	0.001	
	青贮玉米	一年生	0.01		0.01				
巫溪县	小计		1.032	0.25		0.1	0.087	0.595	
	白三叶	多年生	0.022			0.015	0.007	0.001	
	多年生黑麦草	多年生	0.011			0.01		0.045	
	紫花苜蓿	多年生	0.05			0.005		0.019	
	多花黑麦草	一年生	0.239	0.22				0.23	
	青贮青饲高粱	一年生	0.23					0.3	
	青贮玉米	一年生	0.3				0.08		
	饲用块根块茎作物	一年生	0.18	0.03		0.07			

（续）

行政区划	饲草种类	饲草类别	已种草面积	农闲田已种草面积/万亩					备注
				冬闲田已种草面积	夏秋闲田已种草面积	果园隙地已种草面积	四边地已种草面积	其他已种草面积	
秀山县	小计		0.002			0.002			
	多年生黑麦草	多年生	0.001			0.001			
	狼尾草	多年生	0.001			0.001			
酉阳县	小计		0.047	0.005			0.005	0.037	
	多年生黑麦草	多年生	0.03					0.03	
	多花黑麦草	一年生	0.008	0.001			0.002	0.005	
	墨西哥类玉米	一年生	0.001				0.001		
	青贮青饲高粱	一年生	0.001				0.001		
	饲用块根块茎作物	一年生	0.003				0.001	0.002	
	紫云英（非绿肥）	一年生	0.004	0.004					
彭水县	多花黑麦草	一年生	0.2	0.15		0.02	0.03		

八、农副资源饲用情况

2021年，重庆市农副资源饲用情况见表3-18。

表3-18　农副资源饲用情况

行政区划	农副产品种类	生产量/吨	饲用量/吨	加工饲用量/吨
重庆市		4 076 217	707 481	87 099
万州区	小计	290 721	159 930	62 980
	玉米秸	126 159	95 800	62 980
	稻秸	164 562	64 130	
涪陵区	小计	1 190 000	20 700	
	玉米秸	630 000	4 400	
	稻秸	560 000	3 300	
	酒糟		10 000	
	豆渣		3 000	
大足区	小计	68 580	4 632	24
	红薯秧		2 448	
	玉米秸	66 230	2 028	18
	稻秸	2 350	120	6
	其他农副资源		36	
江津区	小计	509 800	30 610	32
	红薯秧		2 650	
	花生秧		1 360	
	玉米秸	139 800	4 230	32
	稻秸	370 000	2 520	
	酒糟		17 250	
	甘蔗梢		2 600	

（续）

行政区划	农副产品种类	生产量/吨	饲用量/吨	加工饲用量/吨
合川区	小计	473 644	4 872	212
	红薯秧		77	
	玉米秸	214 110	2 141	156
	稻秸	259 534	2 654	56
永川区	小计	323 291	28 612	125
	麦秸	3 385	430	
	玉米秸	81 235	337	125
	稻秸	238 671	150	
	饼粕		25 760	
	酒糟		1 935	
潼南区	小计	16 560	4 620	
	红薯秧		920	
	玉米秸	16 560	1 120	
	酒糟		1 220	
	豆渣		1 360	
荣昌区	小计	95 761	6 960	26
	红薯秧		3 144	
	玉米秸	95 761	2 916	26
	酒糟		900	

（续）

行政区划	农副产品种类	生产量/吨	饲用量/吨	加工饲用量/吨
开州区	小计	148 000	14 550	1 400
	红薯秧		3 500	
	玉米秸	148 000	1 650	1 400
	酒糟		9 400	
城口县	小计	42 110	11 485	30
	红薯秧		11 300	
	玉米秸	42 000	170	30
	其他秸秆	110	15	
丰都县	小计	172 201	249 070	
	玉米秸	82 085	39 875	
	稻秸	90 116	1 050	
	酒糟		208 145	
垫江县	小计	98 700	38 450	
	红薯秧		11 300	
	稻秸	98 700	7 500	
	酒糟		1 100	
	豆渣		1 700	
	其他农副资源		16 850	
奉节县	小计	209 000	76 120	11 850
	红薯秧		13 000	
	玉米秸	180 000	54 000	9 000
	稻秸	29 000	8 700	2 850
	酒糟		420	

（续）

行政区划	农副产品种类	生产量/吨	饲用量/吨	加工饲用量/吨
巫溪县	玉米秸	4 000	3 500	3 500
石柱县	玉米秸	52 600	5 000	1 800
酉阳县	小计	379 249	25 570	5 120
	麦秸	194	50	20
	红薯秧		120	
	玉米秸	147 621	9 600	3 100
	稻秸	117 244	15 200	2 000
	其他秸秆	114 190	600	
彭水县	小计	2 000	22 800	
	红薯秧		20 000	
	玉米秸	1 000	800	
	稻秸	1 000	900	
	酒糟		1 000	
	豆渣		100	

第四
定点监测

一、饲草企业生产情况

2021 年，重庆市饲草企业生产情况见表 4-1。

表 4-1 饲草企业

行政区划	企业名称	饲草种类	保留种植面积/万亩	新增种植面积/万亩	播种时间	返青时间	返青率/%	亩产量/千克	年总收割茬次	第一茬次亩均产量/(千克/亩)	第一茬产量/吨	第二茬次亩均产量/(千克/亩)	第二茬产量/吨	收购量/吨	累计销售量/吨
梁平县	重庆市小白水农业开发有限公司	狼尾草	0.04			2021-3-10	90	8 144	2	4 128	1 651	4 016	1 606	500	3 200
丰都县	丰都县大地牧歌农业发展有限公司	狼尾草	0.22			2021-3-11	75.3	4 500	1	4 500	9 900				12 049

章

企业情况

生产与贸易情况

地头价格/(元/吨)	到场价格/(元/吨)	特级质量占比/%	优级质量占比/%	一级质量占比/%	二级质量占比/%	三级质量占比/%	四级质量占比/%	牧草销售去向及用草主体	土地租赁/(元/亩)	自有固定机械/台	租赁机械/台	机械成本/万元	灌溉成本/(元/亩)	肥料成本/(元/亩)	病虫鼠防害/(元/亩)	人工成本/(万元/年)	其他成本/(万元/年)
320	520	12	30	48	10			梁平区周边区域	650	5	1	6	560	32	10	260	32
450	500		24	48	20	8		重庆市内	600	40	3	24	25	720	50	90	10

二、奶牛企业粗饲料使用情况

2021年，重庆市奶牛企业粗饲料使用情况见表4－2。

表4－2　奶牛企业粗

行政区划	企业名称	饲草种类	饲草类别	购买量/吨	全场饲喂精料量/（千克/天·头）	自产自制量/吨	消费量/吨
渝北区	重庆市天友纵横牧业发展有限公司	苜蓿	干草类		14		
渝北区	重庆市天友纵横牧业发展有限公司	燕麦	干草类		14		
渝北区	重庆市天友纵横牧业发展有限公司	青贮玉米	青贮类		14	4 800	

饲料使用使用情况

往年存量/吨	当年累计新进量/吨	成年母牛/头	总存栏量/头	牛场名称	泌乳牛添加量/（千克/天·头）	购买价格/（元/吨）	来源地区或国家
	235	332	599	两江奶牛养殖场	3	3 710	美国
	270	332	599	两江奶牛养殖场	1.7	3 630	甘肃
		332	599	两江奶牛养殖场	21	830	重庆

三、肉牛企业粗饲料使用情况

2021年，重庆市肉牛企业粗饲料使用情况见表4-3。

表4-3 肉牛企业粗饲料使用情况

行政区划	企业名称	饲草种类	饲草类别	购买量/吨	来源地区	自产自制量/吨	购买价格(元/吨)	消费量/吨	饲喂精料量/(千克·天·头)	饲养品种	存栏量/头	出栏量/头	饲养周期/天	饲养方式
丰都县	丰都县飞仙洞肉牛养殖专业合作社	狼尾草	青贮类			1 245		756		西门达尔	264	350	360	短期育肥+自繁自育
丰都县	重庆恒都农业集团有限公司高家镇养殖场	狼尾草	青贮类			6 252		5 940		西门达尔	3 400	3 000	330	短期育肥
丰都县	丰都县恒旺农业开发专业合作社	狼尾草	青贮类			1 145		990		西门达尔	180	400	200	短期育肥
丰都县	重庆恒都农业集团有限公司社坛养殖场	狼尾草	青贮类			3 825		3 600		西门达尔	1 550	2 000	300	短期育肥

四、肉羊企业粗饲料使用情况

2021 年，重庆市肉羊企业粗饲料使用情况见表 4 - 4。

表 4 - 4 肉羊企业粗饲料使用情况

行政区划	企业名称	饲草种类	饲草类别	购买量/吨	来源地区	自产自制量/吨	购买价格/（元/吨）	季度消费量/吨	饲养方式	饲养周期/天	出栏量/头	存栏量/头	饲养品种	饲喂精料量/（千克/天·只）
大足区	重庆腾达牧业股份有限公司	其他饲草	其他			520		130	自繁自育	300	550	1 900	大足黑山羊	

第五章

草业相关地方标准发布情况

2021 年，重庆市草业相关地方标准发布情况见表 5 - 1。

表 5 - 1　草业相关地方标准发布情况

标准号	标准名称	发布日期	实施日期	备案号	状态	编写单位	编写人员
DB50/T 1095—2021	畜牧业生产统计规范	2021 - 3 - 30	2021 - 7 - 1	80852 - 2021	现行	重庆市畜牧技术推广总站、合川区畜牧站、重庆市潼南区农业科技推广中心、巫山县畜牧技术推广站、酉阳土家族苗族自治县畜牧产业发展中心、垫江县畜牧生产站、丰都县畜牧技术推广站	刘羽、周少山、刘芳莉、张科、谭兴疆、朱燕、赵露、潘晓、许东凤、郑德菊、黄元善、高敏、李剑、谭剑蓉、冉娜

（续）

标准号	标准名称	发布日期	实施日期	备案号	状态	编写单位	编写人员
DB50/T 1098—2021	青贮玉米生产技术规程	2021－4－15	2021－7－15	80861－2021	现行	重庆市农业科学院	周茂林、蒋志成、冯定明、祁志云、李鸿、郑阳、付忠军、李淑君、李晔
DB50/T 1101—2021	山羊断奶羔羊育肥饲养管理技术规范	2021－4－15	2021－7－15	80864－2021	现行	重庆市畜牧技术推广总站	张璐璐、李发玉、张科、朱燕、尹权为、陈东颖、王晨
DB50/T 1102—2021	架子牛调运技术规范	2021－4－15	2021－7－15	80865－2021	现行	重庆市畜牧技术推广总站、丰都县畜牧技术推广站、彭水苗族土家族自治县畜牧技术推广站、重庆恒都农业集团有限公司	张科、贺德华、康雷、陈红跃、李晓波、张发玉、朱燕、袁昌定、张璐璐、高敏、蒋林峰、石海桥、蒋林、邓小龙、朱刚泉
DB50/T 1103—2021	皇竹草机械化生产技术规范	2021－4－15	2021－7－15	80866－2021	现行	重庆市畜牧技术推广总站、重庆市畜牧科学院、巫山县丰园恒吉农牧有限公司	尹权为、李发玉、陈东颖、贺德华、范彦、张璐璐、谭开印、向玮、高敏、张鹏、刘学福、唐军、李阿

（续）

标准号	标准名称	发布日期	实施日期	备案号	状态	编写单位	编写人员
DB50/T 1139—2021	饲用苎麻种植及鲜饲利用技术规程	2021-11-1	2022-2-1	85084-2021	现行	重庆市渝东南农业科学院、重庆市涪陵区畜牧兽医学会	吕发生、蔡敏、罗登、王彬、李雅玲、景明银、陶洪英、彭彩、栾兴茂、曾晓霞
DB50/T 1144—2021	山羊家庭农场建设技术规范	2021-11-1	2022-2-1	85089-2021	现行	重庆市畜牧技术推广总站、重庆市大足区农业技术服务中心、丰都县畜牧技术推广站、重庆市武隆区畜牧技术推广站、彭水苗族土家族自治县畜牧发展中心、重庆市泰丰畜禽养殖有限公司	贺德华、张科、朱燕、陈红跃、李发玉、李晓波、何道领、赖鑫、樊莉、蒋林峰、尹权为、张璐璐、陈东颖、刘羽、高敏、黄德利、石海桥、邱四海、郑龙光、唐凤娇、翁明会、王天波、邓小龙、谭华胜

（续）

标准号	标准名称	发布日期	实施日期	备案号	状态	编写单位	编写人员
DB50/T 1150—2021	肉牛家庭农场建设技术规范	2021-11-1	2022-2-1	85095-2021	现行	重庆市畜牧技术推广总站、彭水县畜牧苗族土家族自治县畜牧发展中心、石柱土家族自治县畜牧产业发展中心、重庆市渝北职业教育中心、重庆市万盛经济技术开发区畜牧水产站、重庆市綦江区畜牧站	朱燕、贺德华、陈红跃、张科、何道领、李发玉、廖晓波、邓小龙、张文、洪荣、刘铁、蒋林元、许李丽、袁启定、刘羽峰、张璐璐、尹权为、高敏
DB50/T 1152—2021	杂交狼尾草繁殖技术规程	2021-11-1	2022-2-1	85097-2021	现行	重庆市畜牧科学院	徐远东、何玮、冉启凡、陈静、范彦、陈积山、向白菊、蒋安、朱端芬
DB50/T 1153—2021	杂交狼尾草种植技术规程	2021-11-1	2022-2-1	85098-2021	现行	重庆市畜牧科学院	何玮、徐远东、陈彦、冉启凡、范静、向白菊、蒋安、赵金红、孙晓燕

（续）

标准号	标准名称	发布日期	实施日期	备案号	状态	编写单位	编写人员
DB50/T 1155—2021	有机生牛乳生产技术规程	2021-11-1	2022-2-1	85100-2021	现行	重庆市农产品质量安全中心、重庆天友乳业有限公司	李学琼、张海彬、陈一龙、邹清碧、廖家富、郭萍、程光辉、唐道珍、王小花、卞春梅、彭广东
DB50/T 1164—2021	玉米全程机械化生产技术规程	2021-11-30	2022-3-1	86705-2022	现行	重庆市农业科学院	周茂林、冯定明、蒋志成、李鸿、田红琳、李晔
DB50/T 1181—2021	饲用紫云英种植技术规程	2021-12-10	2022-3-10	86723-2022	现行	西南大学、重庆市畜牧科学院、四川农业大学	曾兵、宋振辉、黄琳凯、罗登、范彦、张健、王胤晨、李剑、袁扬、张新全、王宝全、兰英、尹正纯

（续）

标准号	标准名称	发布日期	实施日期	备案号	状态	编写单位	编写人员
DB50/T 1198—2021	涪陵水牛能繁母牛饲养管理技术规程	2021－12－30	2022－4－1	86741－2022	现行	重庆市畜牧科学院	向白菊、蒋安、黄德均、何德超、黄琳惠、汪波、立芳、赵金红、孙晓燕
DB50/T 1199—2021	涪陵水牛犊牛饲养管理技术规程	2021－12－30	2022－4－1	86742－2022	现行	重庆市畜牧科学院	向白菊、蒋安、孙晓燕、赵金红、高立芳、黄德均、何德超、汪波、黄琳惠

附录一
重庆市饲草产业发展现状、问题及建议

一、发展现状

（一）饲草生产情况

2021 年，重庆人工种草保留面积 46.49 万亩、总产量 46.60 万吨（折合干草），同比分别下降 5.58％、5.63％；亩均产量 1 004.34 千克（折合干草），同比增加 0.23％。饲草青贮量 19.9 万吨，同比下降 2.16％；农副资源利用量 70.75 万吨，同比下降 3.64％；全市农闲田可种草面积 498 万亩，同比下降 1.19％。

（二）区域布局情况

受市场拉动和资源支撑影响的"草随畜走"和"以草定畜"业态，饲草生产主要集中在渝东南、渝东北等草食牲畜发展的重点区域。受气候、交通条件影响而以因地制宜为主的业态，中高海拔山地以低矮饲草为主，中低海拔平坝及浅丘区（尤其是肉牛养殖区）以高产、高秆饲草为主。

（三）饲草市场情况

黑麦草、青贮青饲高粱、青贮玉米、狼尾草等优质饲草种植占比较大。商品草产品主要为裹包青贮产品。据统计测算，2021 年全市牛羊养殖饲草需求量约为 500 万吨，饲草料本地供给量为 320 万吨（其中，可利用天然草地产草量约为 200 万吨，人工种草产量 50 万吨，农副资源利用量 70 万吨），缺口较大，约为 180 万吨，主要通过外购和利用秸秆等方式填补缺口。重庆无干草生产，主要从河南、内蒙古、湖北等地购入羊草、花生秧、麦秸、稻草等干草，以及从国外进口紫花苜蓿。

二、存在的问题

（一）政策资金支持少

南方现代草地畜牧业推进行动项目暂停后，重庆投入饲草种植的资金极少，区、县在饲草生产上基本没有提供政策和资金支持。

（二）生产地块条件差

由于饲草种植不像粮食、特种作物种植一样有相关补贴，条件优越的地块不易用于种植饲草，饲草种植地以坡地、零碎地为主，土地瘠薄，牧草生产效益相对不高。

（三）机械化程度低

种植、收获、运输成本高，种草成本高于外购价格，严重影响农户种草积极性和管护效果。

（四）天然草地利用难

受地理条件和交通便利差异、土地权属等因素影响，过度放牧导致草场退化，资源长期不利用导致灌丛比例大幅增加，使草资源阵地进一步萎缩。

（五）青贮设施设备落后

适宜中小规模的加工、收储的机械可选种类不多，机械投入成本相对较高，中小规模生产场设备设施落后。

三、对策及建议

（一）完善相关政策措施

充分认识饲草在消纳粪污、推进畜牧业高质量发展、促进乡村振兴中的重要作用，制定持续性政策，加大优质草品种引进、试验示范力度，加强先进生产技术推广，把饲草及草食牲畜产业发展与乡村振兴工作紧密结合，列为"四级书记"主抓内容之一，发挥草牧业在农村产业振兴中的巨大潜力。加大金融支持力度，积极出台金融资源支持产业结构升级的政策，加强银行与龙头企业的合作，引导产业化扶持政策与信贷资金有效对接，发挥政策对信贷支农资金的撬动作用，引导信贷资金向草牧领域投放，降低草牧业生产风险。支持饲草商品化生产，促进全产业链发展，确保饲草四季均衡供给。

（二）促进产业化生产经营

支持适度规模养殖场改造升级和种养结合发展模式，支持饲草料生产体系建设。加快优质牧草生产基地建设，积极推广"粮经饲草"混合种植，扩大青贮玉米及青贮青饲高粱等高产牧草种植面积；大力推广农作物秸秆加工利用技术，鼓励扶持饲草加工，积极推广牧草打捆、制块、制粒技术，对饲草进行商品化开发；大力开发草畜专用饲料，加快草畜配合饲料普及推广。

（三）强化监管，保障产品质量安全

加大草产品质量抽检力度。扩大草种和草颗粒、干草、草粉等产品抽查检验范围，加大对伪劣草种和草产品的查处力度，避免引进伪劣草种、购置低质或不合格草产品带来的损失。加强草业技术培训和基本知识宣传，遏制市面上对商品草的过度美化宣传行为，避免相关企业轻信宣传、盲目投产等带来的巨大损失。

附录二
重庆市肉牛产业发展现状、问题及建议

一、现状

（一）肉牛生产稳步增长

重庆市有巴川牛、川南山地牛和涪陵水牛 3 个国家级牛遗传资源。2021 年肉牛存栏 93.0 万头，出栏牛 57.2 万头，产肉量 7.6 万吨，同比增长 5%、3.1%、2.7%。据统计，肉牛养殖场（户）11.709 万个，年出栏 50 头以下的养殖场（户）11.653 万个，占比 99.52%；基础母牛存栏 24.2 万头，年产犊牛 17 万～20 万头。

（二）市场行情好且较为稳定

活牛销售价格近年来持续上涨，由 28～32 元/千克涨至 34～44 元/千克，现在基本稳定在 34～40 元/千克，每头育肥牛养殖利润 3 000～6 000 元。重庆犊牛、架子牛等牛源紧张，价格上涨，养殖场（户）养殖肉牛和母牛的积极性增高。

（三）注重改良，效果明显

有肉牛人工配种人员 575 人，持证上岗 83 人，牛冷配服务站点 83 个，部分区（县）持续在资金方面支持改良工作。外购肉牛冻精，采用西门塔尔、安格斯等优良肉牛品种杂交，改良本地牛；杂交牛体型大、生长快，利润增加显著。

（四）饲草料需求量增大

据统计测算，2021 年重庆市牛羊养殖饲草需求量约为 500 万吨，饲草料本地供给量为 320 万吨，其中人工种草保留面积 46.49 万亩、总产量 46.60 万吨（以干草计），主要种植皇竹草、多花黑麦草等，用于鲜喂和作青贮饲料，同时利用酒糟、麦秸、稻草等农副资源，商品草较少，外购干草运费较高。

（五）养殖模式多，养殖水平逐渐提高

肉牛养殖模式有专业养殖育肥牛、自繁自养和专业母牛养殖等。TMR（全混合日粮）饲料机、拌料机、撒料车使用增多，草料精料加工、饲喂、饮水、清粪等逐步实现机械化，粪污还田、种养循环增多。产业链条延长，由"种—养"向"种—养—加"及餐饮等延伸。

（六）品牌建设持续发力

重庆有丰都肉牛、蓬江牛肉干等 19 个品牌。"丰都肉牛"获国家地理标志认证和中国驰名商标认定。

二、问题

（一）本地能繁母牛数量不足，牛源紧张，外购风险大

架子牛、犊牛等商品牛源需大量外引，存在疾病风险大、应激大、价格高等问题。近年从外省购买犊牛、架子牛的价格上涨 30% 以上，压缩养殖利润，不利于重庆市肉牛产业高质量发展。

（二）精粗料大量外购，价位高，养殖利润进一步被压缩

一是重庆本地饲草料供应不足，缺口大，据统计测算，2021 年全市牛羊养殖饲草需求量缺口约为 180 万吨，急需扩大本地饲草种植面积。二是外购粗饲料量大，价位偏高，外省购买粗饲料价格

偏高、运费高，品质参差不一，导致养殖成本、风险增加。三是玉米、豆粕等精料及牛专用商品饲料价格涨幅大、波动大，养殖利润进一步被压缩。

（三）用地、环保等政策不利于产业发展

一是养殖用地选择困难，且使用费用高。二是环保部门对养殖业发展要求过度严格，限制了肉牛产业的发展。三是畜牧兽医体系体制问题等导致技术服务及技术指导不足。四是产业专项配套资金缺乏。

（四）品种改良任重道远，乡镇肉牛冻精冷配体系建设急需加强

目前重庆的乡镇肉牛冻精冷配体系建设不完善，配种人员少，不能满足养殖场（户）需求。2021 年改良冷配母牛 5.36 万头，仅占基础母牛的 22.2%，占比较小。重庆市能繁母牛大多为本地品种，体型较小，改良代次低，用良种牛配种后难产比例较大。

（五）技术支撑不足，养殖水平有待提高

一是技术能力有待提升，尤其是肉牛人工授精技术等实际操作性较强的技术需要加强普及和培训提升。二是饲养管理水平参差不齐。三是部分牛场建设设计不合理，导致养殖效益低。

三、建议

（一）支持能繁母牛扩群增量，提高本地牛源供给水平

出台能繁母牛养殖补贴政策，采取"见犊奖补"方式，对牛存栏 5 头以上的养殖场（户），给予当年新生牛犊 1 000 元/头的补助，提高对能繁母牛的养殖积极性，稳定能繁母牛生产群体，加大本地牛源供给量。2022—2025 年，财政资金需求为每年 1 000 万元左右。

（二）支持发展人工种草，提高本地粗饲料供给水平

重庆出台人工种草补贴政策，提高人工种草积极性，增加种草面积，加大本地粗饲料供给量。对优质饲草品种种子（含种茎）进行补贴（50元/亩），对当年种植面积在5亩以上的饲草种植户给予补贴200元/亩，对年生产50吨以上草产品的加工企业年终给予一次性补助200元/吨。2022—2025年，人工种草财政资金需求为每年1 500万元左右。

（三）加强政策资金扶持

肉牛发展对促进乡村振兴、保障粮食安全、端牢自己的饭碗等有着重要的作用，肉牛发展资金投入较多、养殖周期较长，市级相关部门应出台市级肉牛发展专项扶持政策，设置专项资金，持续支持薄弱环节建设，强化产业基础，提升产业竞争力。

（四）多措并举，加大品种改良力度

品种改良是肉牛发展的基础性工作，也是效果立竿见影的工作，应首先得到支持和加强。一是加大良种宣传，进一步提高养殖场（户）对良种的认识和接受度。二是完善基层肉牛冻精冷配体系建设，解决肉牛人工授精服务"最后一公里"的问题。三是推广良种肉牛人工授精服务，由政府统一采购、提供优质肉牛冻精及耗材，从源头上保障冻精品种与质量。2022—2025年，财政资金需求为每年128万元左右。

（五）加强实用技术培训

集合高校、科研院所和技术推广部门的技术力量，集中开展圈舍建造、架子牛选购、应激性调理、高效养殖、母牛养殖、人工授精、疫病防控、饲草高效种植与利用、青贮饲料制作等实用技术专题培训，培养对象为乡镇级畜牧系统技术人员，再由他们进行广泛宣传、提供精确指导服务，全面提升重庆市肉牛养殖技术水平。

附录三
2021 年重庆市草业主导品种和主推技术名录

（一）主导品种

1. 牧草及饲用作物种类（6 个）

多花黑麦草、杂交狼尾草、饲用玉米、饲用甜高粱、饲用燕麦、白（红）三叶。

2. 乳用牛（2 个）

中国荷斯坦奶牛、娟姗牛。

3. 肉用牛（3 个）

西门塔尔牛、安格斯牛、川南山地牛。

4. 羊（6 个）

大足黑山羊、渝东黑山羊、川东白山羊、板角山羊、波尔山羊、湖羊。

5. 兔（2 个）

伊拉配套系兔、伊普吕配套系兔。

（二）主推技术（6 项）

1. 优质牧草高效生产技术

农牧融合，农机农艺结合。饲草规模化生产，土地宜机整治，筛选优质适宜饲草品种，开展适宜规模种植，草畜配套，利用饲草发展牛羊产业。

2. 饲草料加工利用技术

青贮窖标准化建设，青贮料加工、储存，青干草调制利用，玉米秸秆、豆类秸秆等农副资源饲料化利用。

3. 肉兔健康高效养殖技术

使用优良种兔和人工授精，调控兔舍环境，应用全价颗粒饲料，全进全出饲养，推广替抗产品，程序化免疫，粪污无害化处理，建立养殖溯源档案。

4. 肉牛快速育肥技术

架子牛的选择与调运，驱虫健胃，称重分群，定时饲喂，全株青贮玉米等优质饲草的加工及利用。全混合日粮饲喂，疫病防控，适时出栏。

5. 山羊适度规模养殖技术

标准化改扩建圈舍，优选杂交组合，羔羊保育管理，科学补饲及快速育肥，疫病综合防控，高产饲草种植及天然放牧地利用。

6. 固体粪便好氧堆肥技术

通过"三改两分"（改水冲清粪为干式清粪，改无限用水为控制用水，改明沟排污为暗道排污，固液分离，雨污分离），分离后的固体粪便在好氧微生物作用下充分发酵，达标后作为农家肥或商品有机肥还田利用。

附录四
2021年全国草业科学大事记

1月

6日　宁夏召开草原生态文明示范区建设模式及关键技术研究项目工作会。

13日　甘肃省玛曲县编制实施《玛曲县沙化退化草原综合治理总体规划（2017—2026年)》，开展玛曲沙化退化草原巩固治理和系统修复工作，成效显著。

18日　宁夏回族自治区草原工作站创新监督检查，运用现代智能科技，采用空中和地面人员巡查相结合的方式，对银川市、吴忠市、中卫市等禁牧封育重点区域进行巡查。

20日　季波等认为宁夏荒漠草原土壤有机碳稳定性最差，温性草原土壤有机碳活性大，土壤有机碳碳库的生物可利用性最高，温性天然草地土壤有机碳储量大，不应被低估。

21日　《中华人民共和国湿地保护法（草案）》初次提请全国人大常委会审议，这是我国首次针对湿地保护进行立法，拟从湿地生态系统的整体性和系统性出发，建立完整的湿地保护法律体系。

26日　国家林业和草原局召开全国森林草原防火和安全生产工作电视电话会议，传达学习习近平总书记关于森林草原防火和安全生产工作的重要论述，传达李克强总理关于安全生产工作的重要批示，部署当前、春节和全国两会期间的森林草原防火工作。

28日　新疆维吾尔自治区阿克苏地区实施湿地保护工程。新疆自"十三五"以来，湿地面积由2016年的21万公顷增加到

重庆草业 2021

2020 年的 34.5 万公顷，新增湿地 13.5 万公顷，相继建成湿地公园及景观水系等工程 35 个。

29 日　云南省林业和草原局成立第一届草品种审定委员会，召开委员会第一次会议，正式启动草品种审定工作。

2 月

1 日　中央第七生态环境保护督察组向国家林业和草原局反馈督察情况。

1 日　孙华方等认为栽培草地的恢复演替有利于促进微生物多样性的恢复，但栽培草地土壤微生物多样性的恢复需要的时间更长。

3 日　国家林业和草原局发布《中国国际重要湿地生态状况》白皮书。

7 日　国家林业和草原局草品种审定委员会审定通过淮扬 4 号等 18 个草品种并予以公告。

15 日　于恩逸等提出了一种新的判定草原生态环境损害因果关系的一般过程与基本思路。

15 日　黄麟等揭示了中国退耕还林还草对生态系统服务权衡与协同的影响。

25 日　全国林草系统 8 个集体 12 名个人获全国脱贫攻坚表彰。

27 日　宁夏回族自治区草原工作站推进草原生物灾害防控。

28 日　高二亮等揭示了生长季放牧对高寒草甸传粉网络的影响。

3 月

1 日　罗巧玉等揭示了黄河源区发草适生地植物群落特征及其土壤驱动因子。

2 日　农业农村部部署开展春季农作物种子市场检查。

9 日　吴建波与王小丹研究发现，在青藏高原地区，紫花针茅通过增加厚壁细胞减少水分散失，同时增加导管直径，主脉导管面积/主脉维管束面积和维管束面积/叶横切面面积等输水组织面积适应高寒干旱气候。

11 日　国家林业和草原局发布《2020 年中国国土绿化状况公报》。

15 日　杜忠毓等揭示了荒漠草原植物群落结构及其稳定性对增水和增氮的响应。

15 日　王志伟等研究表明，青藏高原多年冻土区植被类型条件越好，地表沉降量越小。

16 日　我国北方遭遇近 10 年最强沙尘天气，国家林业和草原局连续动态监测并发布防御指南。

16 日　农业农村部指导各地开展小麦条锈病、草地贪夜蛾等农业灾害应急防治和统防统治。

24 日　农业农村部部署开展全国农业种质资源普查工作。

27 日　吕亚香等揭示了早春和夏季氮、磷添加对内蒙古典型草原退化群落碳交换的影响。

28 日　国家林业和草原局监测显示，沙尘天气影响 13 个省份，约 2.4 亿人受影响。

4 月

1 日　草原标准化技术委员会在国家林业和草原局调查规划设计院组织开展草原领域标准体系构建专题研讨会。

10 日　由北京林业大学草业与草原学院、国家林业和草原局草坪国家创新联盟主办的首届"草坪业健康发展论坛"在北京召开。

12 日　国家林业和草原局华东调查规划设计院召开草原监测评价工作会议。

14 日　国家林业和草原局召开新闻发布会，提出我国草原进入加强保护修复的新阶段。

19 日　联合国粮食及农业组织主办的全球土壤生物多样性研

讨会在线上召开，农业农村部部长唐仁健应邀为开幕式作视频致辞。

20日　张超等认为栽培草地的建立以及对草地进行播种、灌溉等合理的人为干预，将有效提高土壤质量和改善草地生长状况，并影响土壤的碳、氮固持能力。

20日　王辛有等揭示了河西地区豆禾混播草地生产性能对刈割高度与施肥的响应。

21日　国家林业和草原局要求切实加强草原执法监管，依法打击破坏草原违法行为。

23日　国家林业和草原局加强林草生态网络感知系统森林草原防火模块建设。

28日　张景慧等揭示了草地利用方式对温性典型草原优势种植物功能性状的影响。

30日　国家林业和草原局与蒙古国环境和旅游部召开荒漠化防治专题会议。

5月

1日　任艳等认为黄芪田中杂草的两种主要传播方式为以种子传播的"游击战"模式和以根茎走窜传播的"根据地"模式，以虫实和冰草为代表植物。

1日　杨晓渊等认为青藏高原高寒草甸植物群落牧草物候期对温度因子更敏感，温度越高，物候期越提前。

1日　赵丽娅等揭示了围封和放牧对科尔沁沙地植物群落种间关联的影响。

5日　国家林业和草原局草种子质量检验检测中心抽检若尔盖县草种质量。

7日　2021年全国草原有害生物发生趋势会商暨防治工作部署会在山西晋城召开。

13日　《2020年全国草原监测报告》通过审议。

15日　于露等揭示了荒漠草原向灌丛地转变过程中两种优势

植物种子萌发及阈值特征。

15日　宁夏举办草原鼠虫害监测与防治暨草原有害生物普查培训班。

24日　甘肃武威全力推进草原生态保护建设项目。

6月

1日　国家林业和草原局到西北调查规划设计院开展调研，推进西北监测区草原工作。

1日　黄小娟等构建了一种预测高寒典型草原种群和群落地上生物量的新方法。

1日　曹丰丰等揭示了短期氮添加对祁连山亚高山草地生产力及植物多样性的影响。

5日　国家林业和草原局对草原有害生物防治提出5点要求。

15日　席璐璐等揭示了荒漠绿洲过渡带一年生草本植物对干旱胁迫的响应。

17日　第27个世界防治荒漠化与干旱日纪念活动在陕西西安举办，主题为"山水林田湖草沙共治 人与自然和谐共生"。

20日　马英等认为在荒漠化草原，外源氮素输入导致土壤氮素有效性提升后会凸显磷素对植物生长的限制性作用，降低草本植物碳同化能力并加强碳向植物根部的分配。

21日　草种业高质量发展学术研讨会在北京召开。

22日　中国林业科学院建立3个国家林业草原工程技术研究中心。

23日　国家林业和草原局调研四川国有草场试点建设工作。

7月

1日　徐鑫磊等揭示了施肥和刈割对呼伦贝尔草甸草原牧草品质的影响及其与植物多样性的关系，认为维持草地植物群落中植物物种的丰富度是对家畜生产的有效管理方式。

1日　张旭冉等揭示了克氏针茅草原土壤生态化学计量特征对

放牧强度的响应。

12日　国家林业和草原局授予275个新品种植物新品种权。

14日　第四届全国职业院校林草技能大赛在江苏举办。

16日　国家林业草原高寒草地鼠害防控工程技术研究中心成立。

20日　农业农村部部署黄河流域草地贪夜蛾防控工作。

23日　内蒙古自治区林业和草原局、财政厅计划投入4 000多万元保费补贴资金，开展草原保险试点，试点区域草原面积达3 797.88万亩。

28日　西藏开展草原样地监测补充调查技术培训。

30日　奋力书写地球第三极生态安全屏障建设新篇章——习近平总书记考察西藏重要讲话在自治区林草干部职工中引发热烈反响。

8月

1日　张子胥等认为放牧会降低土壤有机碳含量，提高土壤有机碳空间异质性，土壤有机碳含量空间变异受海拔和土壤养分含量等的共同影响。

4日　四川省推进草原保护与产业发展。

6日　甘肃省庆阳市林业和草原局下发通知，启动全市草原监测评价工作。

11日　甘肃省林业和草原局部署草原保护修复工作。

14日　四川省甘孜州"四保障"实现草原绿进沙退。

15日　吉珍霞等揭示了黄土高原植被物候变化及其对季节性气候变化的响应。

16日　山西省草原监测评价工作推进会在太原召开，国家林业和草原局西北调查规划设计院相关专家和技术人员应邀与会。会议指出，草原监测评价是林草生态综合监测评价的重要组成部分，任务包括草原基况监测、年度动态监测、生态状况评价。

31日　国家林业和草原局公开《国家林业和草原局贯彻落实

中央生态环境保护督察反馈问题整改方案》。

10 月

1 日 季波等研究表明，草甸草原和温性草原的土壤团聚体稳定性较草原化荒漠和荒漠草原更高，更有利于土壤有机碳累积。

3 日 国家林业和草原局西北调查规划设计院与青海省林业和草原局在青海省西宁市联合举办森林和草原火灾风险普查培训班。

9 日 国家林业和草原局西北调查规划设计院开展激光雷达在林草生态综合监测评价中的应用研究。

14 日 国家林业和草原局出台《主要草原有害生物防治指标》。

26 日 国家林业和草原局规划院承办联合国《生物多样性公约》缔约方大会第十五次会议"基于自然解决方案的生态保护修复"主题论坛。

30 日 《青海省草原防火规划（2021—2025 年）》通过专家评审。

30 日 国家林业和草原局召开"林草综合监测草原监测数据质量检查与指标测算"工作推进会，统筹推进林草综合监测草原监测工作。

11 月

1 日 国家林业和草原局发布 2021 年第二批授予植物新品种权名单，白雪等 277 个植物新品种被授予植物新品种权。

1 日 余轩等揭示了封育措施下荒漠草原植物多样性恢复对土壤生境的响应机制。

1 日 陈逸飞等发现木本植物叶片硅、钙含量存在较大变异性，不同生活型树种间存在差异，随着纬度升高、年平均温度和平均年降水量下降，全球尺度木本植物叶片硅、钙含量升高、钙硅比下降。

3 日 中国农业科学院"北方草甸草原生态修复与智慧管理技

术"在呼伦贝尔、科尔沁等草原地区应用，使天然草原产草量增加了 2.5～3 倍，优良牧草比例提高了 5～10 倍，经济效益提高 15% 以上。

5 日　内蒙古自治区确定"十四五"林草保护发展目标。

5 日　《湖南南滩国家草原自然公园总体规划（2021—2030 年)》和《湖南南滩国家草原自然公园建设方案》通过评审。

16 日　国家林草生态综合监测评价全面转入成果汇总阶段。

21 日　国家林业和草原局要求切实加强草原执法监管，依法打击破坏草原违法行为。

24 日　《中国绿色时报》报道，人工种草已成为草原修复重要的技术手段，修复效果明显。

24 日　宁夏开展退化草原生态修复集成技术研究。

24 日　国家林业和草原局与九三学社联合发文，推广草原免耕补播技术。

12月

1 日　王光州等系统总结了植物-土壤反馈理论在提高多样化种植体系生产力、土壤污染修复、种植体系设计等方面的进展和潜在应用价值。

4 日　第二届中国林草计算机应用大会召开。

5 日　国家林业和草原局统计显示，草原生态保护补助奖励政策实施 10 年来，国家累计投入资金超 1 500 亿元，1 200 多万户农牧民受益，草原生态持续恢复，生物多样性明显增加。

9 日　《退耕还林还草纪实》出版。书中系统回顾了退耕还林还草决策实践过程、辉煌历程和巨大成就。

9 日　经国家林业和草原局考核验收，确定保留 6 个地市级和 35 个县级示范区作为全国防沙治沙综合示范区。

17 日　"三北工程政策体系架构研究"顺利通过国家林业和草原局西北华北东北防护林建设局验收。

19 日　第二届全国林草健康产业高峰论坛召开。

21日　国家林业和草原局在北京召开第六次全国荒漠化和沙化调查成果专家论证会。

21日　李斐等揭示了不同类型牧草对干旱-复水的光合生理响应及生长适应策略。

21日　田磊等认为，增温及氮添加可延长短花针茅的生殖生长时间而减少木地肤。

24日　十三届全国人大常委会第三十二次会议对《中华人民共和国种子法》作了最新修改，新修改的《中华人民共和国种子法》于2022年3月1日起施行。

28日　国家林业和草原局部署森林、草原、湿地生态系统外来入侵物种普查工作。

　　资料来源：《草业科学》（有删改，部分事件的记录时间与实际发生时间不一致）。

附录五
2021 年重庆草业纪实

3月4日　酉阳县畜牧产业发展中心召开 2018 年退耕还草项目建设推进会。

3月15—18日　市农业农村委员会潘川副处长先后深入巫溪、巫山、奉节县开展饲草种植暨生态养殖调研。

3月15—19日　市畜牧技术推广总站（简称畜牧总站）李发玉副站长带队到渝东南开展饲草种植暨生态高效养殖专项调研。

3月16—19日　市农业农村委员会饲草种植暨生态高效养殖专项调研第八小组深入武隆、石柱、忠县、梁平等区（县）开展调研。

3月17日　市农业农村委员会畜牧业处向品居处长一行到大足区开展饲草种植暨生态高效养殖专项调研。

3月18—20日　市农业农村委员会畜牧业处晏亮副处长一行到开州等区（县）开展饲草种植暨生态高效养殖专项调研。

5月8日　市畜牧总站积极配合兰州大学草地微生物研究中心开展饲草病害调查。

5月12日　忠县种子管理和植保植检站发布草地贪夜蛾发生防治预报。

5月18日　四川、重庆、贵州、湖北 4 省份的科研院所草业专家考察国家草品种区域试验站（南川）试验工作。

5月20日　重庆市第一届林草品种审定委员会成立。

5月24—27日　市畜牧总站派人参加全国草牧业统计监测

附录五　2021年重庆草业纪实

6月2日　2020年重庆市草业工程技术中心项目顺利通过验收。

6月3日　巫山县畜牧产业发展中心、巫山县科学技术局共同组织举办草地改良与利用技术培训班。

6月15—18日　市畜牧总站派员参加2021年全国饲草品种性能测试培训班。

7月13日　市农业农村委员会、市畜牧总站派员到江津开展种草养畜调研。

8月11日　市畜牧总站派员参加2021年草食性畜产业体系工作启动会。

8月24日　市农业农村委员会汤明总畜牧兽医师率队调研重庆市天翼牧业发展有限公司奶业生产。

9月1日　市畜牧总站李发玉副站长率队到合川区开展饲用甜高粱示范推广相关工作技术指导。

9月9日　市畜牧总站开展国家草品种区域试验秋播用地规划工作。

9月16—17日　市农业农村委员会、市畜牧总站派员到丰都、大足等区（县）开展肉牛、肉羊全产业链调研。

9月18日　优质牧草标准化生产及养畜配套技术示范推广-合川示范点项目启动。

9月18—19日　重庆市畜牧科学院草业研究所派员到石柱县开展多年生优质高产禾本科牧草在中高海拔地区的适应性研究。

9月29日　巫山县畜牧产业发展中心组织开展青贮饲料制作及饲草推广培训会。

10月21日　市畜牧总站派员参加全国畜牧业标准化技术委员会草牧业标准化工作组成立暨第一次全体委员会议。

10月22日　市畜牧总站顺利全面完成国家草品种区域试验站（南川）2021年度秋播工作。

11月1日　优质牧草标准化生产及养畜配套技术培训班在丰都顺利举办。

重庆草业2021

11月29日　市畜牧总站顺利召开草牧业发展工作专班调度会。

12月14日　市畜牧总站举办2021年草业统计培训班。

12月16日　示范种植饲草项目合川示范点顺利通过现场验收。